PRENTICE HALL MATEMÁTICAS

CURSO 2

Cuaderno de práctica

PEARSON

Prentice
Hall

Needham, Massachusetts
Upper Saddle River, New Jersey

ISBN: 0-13-037736-8

4 5 6 7 8 9 10 07 06 05

Cuaderno de práctica

Contenido

To the Teacher: Answers in English appear in the back of each Chapter Support File.

Contenido (cont.)

Práctica 1-1

Redondea para estimar la cantidad que más se aproxima a medio dólar.

1. $4.85
+ 1.47

_____

2. $6.79
− 3.95

_____

3. $14.19
+ 5.59

_____

4. $25.43
− 21.20

_____

Estima por la izquierda para resolver cada suma.

5. $4.76 + 6.15$

_____

6. $1.409 + 3.512$

_____

7. $2.479 + 6.518$

_____

8. $3.17 + 2.72$

_____

9. $9.87 + 2.16$

_____

10. $5.89 + 7.21$

_____

Estima cada suma.

11. $8.9 + 9.01 + 9.3 + 8.7 + 9.15$

_____

12. $5.7 + 6.3 + 5.9 + 6.12 + 5.87$

_____

13. $24.79 + $25.79 + $25.02 + $24.10 + $25.19 + $24.59

_____

14. $66.93 + $72.18 + $69.18 + $71.94 + $65.75

_____

Usa cualquier estrategia de estimación para calcular cada operación. Indica qué estrategia usaste.

15. $93.26 − 69.78$

_____

16. 51.12×87.906

_____

17. $43.19 + 26.87$

_____

18. $457.03 + 592.8$

_____

19. $702 \div 61$

_____

20. 81.19×38.69

_____

21. $12.87 + 14.31 + 15.09$

_____

22. $536 \div 41$

_____

23. $526.89 − 417.26$

_____

Calcula cada estimación.

24. Una lata de 0.44 onzas de una trufa poco común se vendió una vez a $13.20. ¿Cuánto costaría aproximadamente 1 libra de esta trufa?

_____

25. La longitud de la barra de pan más larga era de 1,405 pies $1\frac{3}{4}$ pulgadas. Se cortó en rebanadas de $\frac{1}{2}$ pulgada de ancho. ¿Cuántas rebanadas había?

Práctica 1-2

Sumar y restar decimales

Identifica cada una de las propiedades que se muestran a continuación.

1. $(8.7 + 6.3) + 3.7 = 8.7 + (6.3 + 3.7)$

2. $9.06 + 0 = 9.06$

3. $4.06 + 8.92 = 8.92 + 4.06$

4. $0 + 7.13 = 7.13 + 0$

5. $(8.4 + 12.6) + 4.7 = 8.4 + (12.6 + 4.7)$

6. $0 + 17.96 = 17.96$

Resuelve cada suma.

7. $4.6 + 8.79$

8. $14.8 + 29.07$

9. $20.16 + 15.703$

10. $36.12 + 5.793$

11. $8.9 + 2.14 + 7.1$

12. $3.6 + 5.27 + 8.93$

13. $107.5 + 6$

14. $15.26 + 13.29 + 38.96$

15. $46.21 + 53.942$

16. $83.14 + 96.72$

17. $58.01 + 74.94$

18. $9 + 0.638$

Resuelve cada resta.

19. $8.7 - 2.03$

20. $53.86 - 4.02$

21. $14.59 - 8.3$

22. $27.13 - 18.9$

23. $42.75 - 26.36$

24. $53.86 - 16.47$

25. $56.89 - 48.91$

26. $23.5 - 18.079$

27. $5.06 - 3.297$

28. $3.4 - 2.768$

29. $5.002 - 4.3$

30. $0.2406 - 0.058$

Usa el aviso que aparece a la derecha. Calcula los costos.

2 huevos, pan tostado, tocino, leche	$2.75
1 huevo, pan tostado, tocino, leche	$2.20
pan tostado, leche	$.90
pan tostado, tocino, leche	$1.65
1 huevo, pan tostado	$.95

31. 1 huevo _____ **32.** pan tostado _____

33. tocino _____ **34.** leche _____

35. 1 huevo y leche _____

36. 1 huevo y tocino _____

Práctica 1-3

Resuelve cada multiplicación.

1. 28×6

2. $7.3 \cdot 0.9$

3. $58 \cdot 2.1$

4. $15(187)$

5. 6.6×25

6. $(1.8)(0.7)$

7. $0.91 \cdot 2.7$

8. $4.6(3.9)$

Vuelve a escribir las siguientes ecuaciones con el punto decimal en el lugar correcto del resultado de la multiplicación.

9. $5.6 \times 1.2 = 672$

10. $3.7 \times 2.4 = 888$

11. $6.5 \times 2.5 = 1625$

12. $1.02 \times 6.9 = 7038$

13. $4.4 \times 6.51 = 28644$

14. $0.6 \times 9.312 = 55872$

Nombra la propiedad multiplicativa que se muestra a continuación.

15. $3 \times 4 = 4 \times 3$

16. $9 \times (6 \times 3) = (9 \times 6) \times 3$

17. $2 \times 0 = 0$

18. $10 \times 1 = 10$

Resuelve cada división.

19. $0.7 \div 100$

20. $4.85 \div 0.1$

21. $7.08 \div 10$

22. $3.5 \div 0.1$

23. $847 \div 0.01$

24. $0.3 \div 0.1$

25. $32.6 \div 0.01$

26. $5.02 \div 0.1$

27. $2.1\overline{)12.6}$

28. $29.75 \div 0.7$

29. $37 \div 0.2$

30. $4.74 \div 0.06$

31. $1.414 \div 1.4$

32. $0.78\overline{)0.16614}$

33. $0.154 \div 5.5$

34. $0.85\overline{)0.0527}$

Resuelve.

35. Alicia pagó $1.32 por una bolsa de frijoles pintos. Los frijoles cuestan $.55 por libra. ¿Cuánto pesaba la bolsa de frijoles pintos?

36. Nina y 3 amigos almorzaron en una cafetería. Decidieron dividir la cuenta en partes iguales. El total de la cuenta era de $17.84. ¿Cuánto pagó cada uno?

Práctica 1-4

Medir en unidades métricas

Elige una estimación razonable.

1. longitud de una calculadora   18 m   18 cm   18 mm

2. longitud de un campo de fútbol   100 km   100 m   100 cm

3. grosor de un libro en rústica   25 km   25 m   25 mm

4. capacidad de una botella de champú   250 ml   250 L   250 kL

Escribe el número que hace que cada expresión sea verdadera.

5. 0.7 km = _____ m   6. _____ L = 40 ml   7. 83 m = _____ mm

8. 9,500 m = _____ km   9. 8 g = _____ kg   10. _____ m = 800 km

11. 1 km = _____ cm   12. 4,000 mm = _____ m   13. 9 kg = _____ g

Cambia cada medida a la unidad que se indica.

14. 43 km 14 m a kilómetros _____

15. 84 m 15 cm a centímetros _____

16. 9 kg 421 g a kilogramos _____

17. 14 L 7 ml a litros _____

Escribe la unidad métrica que hace que cada expresión sea verdadera.

18. 9,850 kg = 9.85 _____   19. 87.43 m = 8,743 _____

20. 10,542 ml = 10.542 _____   21. 8.42 mm = 0.842 _____

22. 2,347 m = 2.347 _____   23. 0.356 m = 356 _____

Resuelve.

24. La capacidad de un vaso de precipitados es de 150 ml. ¿Cuántos vasos se pueden llenar a partir de un recipiente de 4 L?

_____

25. La vitamina C viene en píldoras con una concentración de 500 mg. ¿Cuántas píldoras necesitarías tomar si quisieras tomar una dosis de un gramo?

_____

26. Tu maestro de ciencias mezcla el contenido de dos vasos de precipitados de 2.5 L y 800 ml de un líquido. ¿Cuánto da la cantidad combinada?

_____

27. Una cucharadita de sal común de mesa contiene cerca de 2,000 mg de sodio. ¿Cuántos gramos de sodio representa esa cantidad?

_____

Práctica 1-5

Resolver problemas: Usar un plan para resolver problemas

Usa el plan para resolver problemas para resolver cada problema.

1. ¿Cuáles son los dos números enteros cuya multiplicación da 1,224 y cuya suma da 70?

    _____

2. Si cuesta $3.20 hacer un corte en un tronco, ¿cuánto costaría cortarlo en 4 partes?

    _____

3. En la feria pusieron a los pollos y a los conejos bajo el mismo toldo. Entre ambos sumaban 360 patas. Si había un total de 105 animales, ¿cuántos eran conejos?

    _____

4. Hay 18 estudiantes parados en círculo a intervalos regulares, numerados de forma consecutiva. ¿Qué estudiante está ubicado justo enfrente del estudiante número 1?

    _____

5. En un torneo de fútbol hay 22 participantes. El torneo se basa en la eliminación por partido, lo que significa que dos equipos compiten al mismo tiempo y se elimina al perdedor. ¿Cuántos partidos se deben jugar para determinar quién es el campeón?

    _____

6. La placa de un carro tiene impreso un número de tres dígitos. La multiplicación de los dígitos da 210, la suma da 18 y los números aparecen en orden descendente de izquierda a derecha. ¿Cuál es el número de la placa del carro?

    _____

7. Dos estudiantes crearon un club telefónico. Se decidió que una vez por mes un socio deberá llamar a todos los otros socios del club. También decidieron ampliar el club agregando un nuevo socio cada mes. ¿Cuántas llamadas se habrán hecho durante el mes en que se agregue el quinto socio?

    _____

Práctica 1-6

Indica el número entero que representa cada punto de la recta numérica.

1. A ____ **2.** B ____ **3.** C ____ **4.** D ____ **5.** E ____ **6.** F ____

Compara. Usa <, > ó =.

7. -8 ☐ 8 **8.** 4 ☐ -4 **9.** $|5|$ ☐ $|-5|$ **10.** -8 ☐ 0

11. -6 ☐ -2 **12.** -1 ☐ -3 **13.** $|-4|$ ☐ 0 **14.** $|-3|$ ☐ 2

Escribe cada número entero y su opuesto sobre la recta numérica.

15. -9

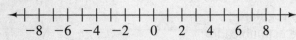

16. 5

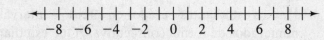

17. 6

18. 7

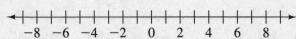

19. 8

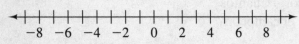

20. -2

Halla los valores absolutos.

21. $|2|$ **22.** $|-3|$ **23.** $|-38|$ **24.** $|-2+5|$ **25.** $|-44|$

_____ _____ _____ _____ _____

26. $|5|+4$ **27.** $|-5|+4$ **28.** $|5+2|$ **29.** $|-16|$ **30.** $|3-7|$

_____ _____ _____ _____ _____

Escribe un número entero para representar cada situación.

31. 5 yardas de ventaja **32.** una deuda de $5 **33.** 4 grados bajo cero

_____ _____ _____

34. una temperatura de 100 ºF **35.** 135 pies bajo el nivel del mar **36.** una pérdida de $30

_____ _____ _____

Práctica 1-7

Resuelve cada suma.

1. $-2 + (-3)$ _____

2. $8 - 7 + 4$ _____

3. $8 + (-5)$ _____

4. $15 + (-3)$ _____

5. $-16 + 8$ _____

6. $7 + (-10)$ _____

7. $-9 + (-5)$ _____

8. $-12 + 14$ _____

Resuelve cada resta.

9. $9 - 26$ _____

10. $-4 - 15$ _____

11. $21 - (-7)$ _____

12. $27 - (-16)$ _____

13. $-16 - (-43)$ _____

14. $47 - 19$ _____

15. $-156 - 98$ _____

16. $-192 - 47$ _____

17. $0 - (-51)$ _____

18. $-63 - 89$ _____

19. $-12 - (-21)$ _____

20. $92 - (-16)$ _____

21. $72 - 15$ _____

22. $-86 - (-19)$ _____

23. $17 - (-46)$ _____

24. $-78 - (-53)$ _____

Calcula el valor de cada expresión.

25. $3 + 8 + (-4)$ _____

26. $2 + |-3| + (-3)$ _____

27. $9 + 7 - 6$ _____

28. $56 + (-4) + (-58)$ _____

29. $-4 - 3 + (-2)$ _____

30. $|-8| - 15 + (-8)$ _____

Usa $<, >$ ó $=$ para completar cada enunciado.

31. $-9 - (-11)$ ☐ 0 **32.** $-17 + 20$ ☐ 0 **33.** $11 - (-4)$ ☐ 0 **34.** $-19 + 16$ ☐ 0

35. $28 - 19$ ☐ 0 **36.** $52 + (-65)$ ☐ 0 **37.** $-28 - (-28)$ ☐ 0 **38.** $-28 - (-53)$ ☐ 0

Resuelve.

39. Las temperaturas máxima y mínima registradas en África fueron de 136 °F y −11 °F. La temperatura máxima se registró en Libia y la mínima en Marruecos. ¿Cuál es la diferencia entre estos valores extremos de temperatura?

_____

40. Las temperaturas máxima y mínima registradas en Sudamérica fueron de 120 °F y −27 °F. Ambas se registraron en Argentina. ¿Cuál es la diferencia entre estos valores extremos de temperatura?

_____

Práctica 1-8

Completa los siguientes enunciados. Luego, escribe dos ejemplos para ilustrar cada relación.

1. positivo ÷ positivo = ?

_____

2. negativo · positivo = ?

_____

3. positivo · positivo = ?

_____

4. negativo ÷ negativo = ?

_____

5. negativo ÷ positivo = ?

_____

6. positivo · positivo = ?

_____

7. positivo ÷ negativo = ?

_____

8. negativo · negativo = ?

_____

Estima cada multiplicación o división.

9. $-72 \cdot 57$

_____

10. $-92 \cdot (-41)$

_____

11. $-476 \div 90$

_____

12. $-83 \cdot 52$

_____

13. $538 \div (-63)$

_____

14. $-803 \cdot (-106)$

_____

15. $49 \cdot 61$

_____

16. $479 \div (-61)$

_____

Resuelve cada multiplicación o división.

17. $\dfrac{-36}{9}$

_____

18. $\dfrac{-52}{-4}$

_____

19. $(-5) \cdot (-20)$

_____

20. $\dfrac{-63}{-9}$

_____

21. $(-15) \cdot (2)$

_____

22. $\dfrac{22}{-2}$

_____

23. $(13) \cdot (-6)$

_____

24. $\dfrac{-100}{-5}$

_____

25. $(-60) \cdot (-3)$

_____

26. $\dfrac{-240}{30}$

_____

27. $(43) \cdot (-8)$

_____

28. $\dfrac{-169}{-13}$

_____

Práctica 1-9

Orden de las operaciones y propiedad distributiva

Halla el valor de cada expresión.

1. $(8 + 2) \times 9$ **2.** $5 - 1 \div 4$ **3.** $(6 + 3) \div 18$ **4.** $80 - 6 \times 7$

_____   _____   _____   _____

5. $4 \times 6 + 3$ **6.** $4 \times (6 + 3)$ **7.** $35 - 6 \times 5$ **8.** $8 \div 3 + 6$

_____   _____   _____   _____

Halla los números que faltan. Luego, simplifica.

9. $5(9 + 6) = 5\,(\underline{\ ?\ }) + 5\,(\underline{\ ?\ })$ **10.** $4(9.7 - 8.1) = \underline{\ ?\ }(9.7) - \underline{\ ?\ }(8.1)$

_____   _____

11. $\underline{\ ?\ }(3.8) = 9(4) - 9(\underline{\ ?\ })$ **12.** $\underline{\ ?\ }(17.1 + 12.6) = 6(17.1) + 6(12.6)$

_____   _____

Resuelve cada multiplicación mentalmente por medio de la propiedad distributiva.

13. $3(6.4)$ **14.** $5(7.1)$ **15.** $5(8.9)$ **16.** $6(9.8)$

_____   _____   _____   _____

17. $4(9.2)$ **18.** $9(11.1)$ **19.** $7(8.9)$ **20.** $8(20.1)$

_____   _____   _____   _____

Copia y coloca paréntesis para hacer que cada expresión sea verdadera.

21. $6 + 6 \div 6 \times 6 + 6 = 24$ **22.** $6 \times 6 + 6 \times 6 - 6 = 426$

_____   _____

23. $6 + 6 \div 6 \times 6 - 6 = 0$ **24.** $6 - 6 \times 6 + 6 \div 6 = 1$

_____   _____

25. $6 + 6 \div 6 + 6 \times 6 = 6$ **26.** $6 - 6 \div 6 \times 6 + 6 = 0$

_____   _____

27. Un patio mide 80 pies $\times$ 125 pies. En una de sus esquinas se siembra un jardín. El jardín mide 15 pies $\times$ 22 pies. ¿Qué parte del patio no pertenece al jardín?

_____

Práctica 1-10

La suma de la estatura de todos los estudiantes de una clase es de 1,472 pulg.

1. La estatura media es de 5 pies 4 pulg. ¿Cuántos estudiantes hay en la clase? (1 pie = 12 pulg)

   _____

2. La estatura media es de 5 pies 2 pulg.
   ¿Cuántos estudiantes miden 5 pies 2 pulg o más?   ¿Cuántos estudiantes son más bajos?

   _____

En la tabla de conteo de la derecha aparece el número de páginas que los estudiantes de historia leyeron la semana pasada (redondeado al múltiplo de 50 más cercano).

3. Calcula la media, la mediana y la moda de los datos.

   _____

Páginas	Conteo
50	I
100	
150	II
200	TTTT I
250	I
300	TTTT
350	III
400	IIII
450	I
500	I

4. ¿Cuál es el valor extremo de   5. ¿Aumenta o disminuye la media
   este grupo de datos?   el valor extremo?

   _____   _____

6. ¿Aplicarías la media, la mediana o la moda para reflejar con mayor precisión el número típico de páginas que cada estudiante leyó? Explica tu respuesta.

   _____

Un estudiante espera tener un promedio de 9 puntos en sus pruebas de matemáticas. Sus calificaciones en las pruebas son 7, 6, 10, 8 y 9. Cada prueba vale 12 puntos.

7. ¿Cuál es la calificación promedio de las pruebas? _____

8. Hay dos pruebas más. ¿Cuántos puntos más serán necesarios para lograr un promedio de 9 puntos en las pruebas? _____

Calcula la media, la mediana y la moda de cada situación:

9. el número de millas que se recorrió en bicicleta en una semana
   21, 17, 15, 18, 22, 16, 20 _____

10. el número de ponchazos por cada entrada en un partido de béisbol
    3, 2, 0, 0, 1, 2, 3, 0, 2 _____

Halla el valor extremo de cada grupo de datos. Describe cómo el valor extremo afecta a la media.

11. 22, 21, 20, 11, 23, 27, 25, 22 _____

12. 27, 25, 22, −20, 20, 23, 21, 25 _____

Práctica 2-1

Evaluar y escribir expresiones algebraicas

Evalúa cada expresión usando los valores $m = 7$, $r = 8$, $t = 2$.

1. $5m - 6$

2. $4t + 18$

3. $4m + t$

4. $r \div t$

5. $m \times t$

6. $35 \div m$

7. $5t + 2m$

8. $r \times m$

9. $3m - 5t$

10. $m + r - t$

11. $(m \times r) \div t$

12. mrt

13. Completa la siguiente tabla. Sustituye la variable de la expresión que aparece en la parte superior de cada columna por el valor que aparece a la izquierda. Luego, evalúa cada expresión.

	$w + 5$	$3(w + 4)$	$5w$	$8(3w)$	$3(w - 2)$
$w = 2.7$					
$w = 9.05$					

Escribe una frase para cada expresión algebraica.

14. $n + 16$

15. $3.2n$

16. $25.6 - n$

17. $n \div 24$

18. $\dfrac{45}{n}$

19. $15.4 - n$

Escribe una expresión algebraica para cada frase.

20. 12 más que m máquinas

21. seis veces la cantidad diaria de fibra f que consumes en tu dieta

22. la edad de tu tía e menos 25

23. el número total de conchas marinas c dividido por 10

24. Tus amigos y tú planean una fiesta sorpresa. Cada uno aporta la misma suma de dinero d para la comida.

a. Escribe una expresión algebraica para representar la cantidad total de dinero aportada para la comida. _____

b. Evalúa la expresión para $d = \$5.25$. _____

Práctica 2-2

Usar el sentido numérico para resolver ecuaciones

Identifica una solución para cada ecuación a partir del grupo de números dado.

1. $30p = 900$; 3, 20, 30, ó 60

_____

2. $\frac{h}{9} = 11$; 3, 30, 72, ó 99

_____

3. $t + 32.4 = 62$; 29.6, 31.4, ó 18.6

_____

4. $r - 17 = 40$; 23, 57 ó 63

_____

Resuelve cada ecuación usando el cálculo mental.

5. $5t = 25$

_____

6. $8w = 64$

_____

7. $9y = 81$

_____

8. $p + 5 = 12$

_____

9. $a + 2 = 15$

_____

10. $w + 8 = 20$

_____

11. $\frac{h}{6} = 4$

_____

12. $\frac{g}{8} = 16$

_____

13. $\frac{a}{7} = 3$

_____

14. $y - 11 = 28$

_____

15. $d - 4 = 12$

_____

16. $w - 10 = 15$

_____

17. $18 - t = 14$

_____

18. $21 + y = 31.64$

_____

19. $18.43 + x = 123.4$

_____

20. Los estudiantes de séptimo grado han estado recolectando latas de aluminio para reciclar. Han recolectado 210 latas. Su objetivo es recolectar 520. Escribe una ecuación y estima el número de latas de aluminio que necesitan para alcanzar su objetivo.

_____

21. Una costurera compró algunos rollos de tela a $25.30 cada uno. Gastó un total de $227.70. Escribe una ecuación y estima el número de rollos de tela que compró.

_____

22. Para tu fiesta compraste globos a $.79 cada uno. Gastaste un total de $11.85. Escribe una ecuación y estima el número de globos que compraste.

_____

Práctica 2-3

Resolver ecuaciones por medio de la suma o la resta

Resuelve cada ecuación. Verifica tus respuestas.

1. $n + 2 = 5$ **2.** $x - 1 = -3$ **3.** $7 = a + 2$ **4.** $p + 2 = -6$

_____   _____   _____   _____

5. $-9 = -4 + a$ **6.** $-2 = c + 2$ **7.** $x - (-3) = 7$ **8.** $a + (-6) = 5$

_____   _____   _____   _____

9. $10 = r - 5$ **10.** $x + 10 = 2$ **11.** $-5 + c = -1$ **12.** $-12 = 7 + h$

_____   _____   _____   _____

13. $16 + s = 6$ **14.** $p + (-2) = 19$ **15.** $r - 7 = -13$ **16.** $25 = a - (-3)$

_____   _____   _____   _____

Usa una calculadora, papel y lápiz o el cálculo mental. Resuelve cada ecuación.

17. $t + 43 = 28$ **18.** $-19 = r + 6$ **19.** $25 = r + 7$ **20.** $13 = 24 + c$

_____   _____   _____   _____

21. $d - 19 = -46$ **22.** $b + 27 = -18$ **23.** $46 = f - 19$ **24.** $z - 74 = -19$

_____   _____   _____   _____

25. El odómetro del carro de tu familia muestra 20,186.7 después de recorrer 62.3 millas. Escribe y resuelve una ecuación para determinar cuántas millas mostraba el odómetro antes de recorrer las 62.3 millas.

_____

26. Michael compró un regalo de $25.00 para un amigo. Después de comprarlo, le quedaron $176.89. Escribe y resuelve una ecuación para calcular cuánto dinero tenía Michael antes de comprar el regalo.

_____

27. En esta primavera llovió un total de 11.5 pulgadas. Esto representó 3 pulgadas menos que la primavera anterior. Escribe y resuelve una ecuación para determinar la cantidad de lluvia que cayó en la última estación.

_____

Práctica 2-4

Resolver ecuaciones por medio de la multiplicación o la división

Usa una calculadora, papel y lápiz o el cálculo mental. Resuelve cada ecuación.

1. $9n = 126$

_____

2. $\frac{d}{3} = -81$

_____

3. $-2t = 56$

_____

4. $\frac{k}{-3} = 6$

_____

5. $-18 = \frac{y}{-2}$

_____

6. $\frac{y}{16} = 3$

_____

7. $-56 = 8r$

_____

8. $9w = -63$

_____

9. $-3v = -48$

_____

10. $13 = \frac{x}{-4}$

_____

11. $28 = -4a$

_____

12. $\frac{t}{-42} = 3$

_____

13. $-19 = \frac{f}{6}$

_____

14. $75 = -5s$

_____

15. $\frac{q}{4} = 56$

_____

16. $18w = -36$

_____

17. $24 = \frac{f}{-4}$

_____

18. $15 = -3j$

_____

19. $102k = 408$

_____

20. $\frac{b}{-96} = -3$

_____

Resuelve y verifica cada ecuación.

21. $\frac{x}{19} = -21$

_____

22. $\frac{x}{-22} = -63$

_____

23. $-41x = 164$

_____

24. $-100r = 1{,}200$

_____

25. $\frac{x}{91} = -98$

_____

26. $452 = -4x$

_____

27. $50x = -2{,}500$

_____

28. $79x = -6{,}320$

_____

Escribe y resuelve una ecuación para representar cada situación.

29. Una de las flores más grandes, la rafflesia, pesa cerca de 15 libras. ¿Cuántas flores de este tipo se pueden poner en un recipiente con una capacidad máxima de 240 libras?

_____

30. Se llama "agua pesada" a un compuesto que se usa en algunos reactores nucleares. El agua pesada cuesta cerca de $1,500 por galón. Si una planta nuclear gastó $10,500 en agua pesada, ¿cuántos galones se compraron?

_____

Práctica 2-5

Define una variable y escribe una expresión algebraica para cada frase.

1. seis veces el precio de la gasolina menos 20

_____

2. la mitad de la distancia de Boston a Nueva York menos 25

_____

3. dos menos que cinco veces el número de huevos que se necesitan
para preparar una receta

_____

4. 10 megabytes menos que el número de megabytes que hay en
una computadora, dividido por 6

_____

Resuelve cada ecuación usando el sentido numérico.

5. $10 + 5h = 25$

_____

6. $8s - 8 = 64$

_____

7. $3y + 78 = 81$

_____

8. $2g + 4 = 12$

_____

9. $5j + 5 = 15$

_____

10. $3w + 8 = 20$

_____

11. $\frac{h}{2} + 1 = 4$

_____

12. $\frac{g}{8} + 12 = 16$

_____

13. $2 + \frac{b}{7} = 3$

_____

14. Por participar en una carrera con fines benéficos, tu patrocinador
se comprometió a pagarte honorarios fijos de $5 más $2 por cada
milla que recorras. Escribe una expresión para representar la
suma total de dinero que cobrarás al final de la carrera. Luego,
evalúa tu expresión para un recorrido de 20 millas.

_____

15. Para ganar el concurso de plantación de tomates en tu comunidad,
Johnny necesita que sus plantas de tomate produzcan 8 tomates
por semana. Necesita 30 tomates para ganar el concurso. Ya tiene 6.
Escribe y resuelve una ecuación para determinar el número de
semanas que necesita para producir 30 tomates.

_____

Práctica 2-6

Resuelve cada ecuación. Luego, verifica tus respuestas.

1. $7m + 8 = 71$ **2.** $\frac{y}{7} + 6 = 11$ **3.** $12y + 2 = 146$ **4.** $\frac{m}{9} - 17 = 21$

_____   _____   _____   _____

5. $\frac{y}{-12} + 1 = 6$ **6.** $2a - 1 = 19$ **7.** $\frac{c}{9} - 8 = 17$ **8.** $-4t + 16 = 24$

_____   _____   _____   _____

9. $4f + 11 = -29$ **10.** $\frac{g}{17} - 8 = -6$ **11.** $13n - 9 = 17$ **12.** $5v - 42 = 73$

_____   _____   _____   _____

13. $\frac{b}{-2} - 8 = -6$ **14.** $3d + 14 = 11$ **15.** $\frac{z}{17} - 1 = 8$ **16.** $\frac{e}{5} - 14 = 21$

_____   _____   _____   _____

17. $\frac{f}{-9} + 4 = 2$ **18.** $-2y + 16 = 10$ **19.** $4w - 26 = 82$ **20.** $\frac{j}{19} - 2 = -5$

_____   _____   _____   _____

Resuelve cada ecuación.

21. $3n - 8 = 4$ **22.** $\frac{n}{5} - 4 = 11$

_____   _____

23. $2n - 3 = 9$ **24.** $1 + \frac{n}{4} = 9$

_____   _____

Relaciona cada enunciado con una ecuación de dos pasos.

25. Medio dólar menos cinco dólares equivale a quince dólares.

    _____

26. Cinco horas más que media hora equivale a quince horas.

    _____

27. Dos menos que tres veces el número de pies de la valla necesaria equivale a doce pies.

    _____

28. Ocho veces menos que la división del puntaje de golf de Dave por cuatro equivale a cinco negativo.   _____

29. Tres veces la edad de Gail más dos años equivale a doce años.   _____

30. Ocho menos que cuatro veces la elevación de una ciudad equivale a cinco negativo.   _____

A. $4n - 8 = -5$

B. $3n - 2 = 12$

C. $\frac{n}{2} + 5 = 15$

D. $3n + 2 = 12$

E. $\frac{n}{2} - 5 = 15$

F. $\frac{n}{4} - 8 = -5$

Práctica 2-7

Escribe una ecuación para resolver los siguientes problemas.

1. Para fabricar una cucharadita de miel, una abeja debe realizar 154 viajes. Si una abeja hizo 924 viajes, ¿cuántas cucharadas habrá fabricado?

_____

2. Ocho huéspedes de un albergue juvenil están roncando. Hay 15 huéspedes en el albergue. ¿Cuántos huéspedes no están roncando?

_____

3. En un viaje, una familia manejó un promedio de 250 mi por día. Si la familia manejó un total de 3,000 mi, ¿cuántos días duró su viaje?

_____

4. Juanita ya ha escrito 6 hojas de su informe semestral. Si su informe tiene un total de 18 hojas, ¿cuántas hojas más tiene que escribir?

_____

5. Planeas leer 500 páginas de un libro en una semana. Hasta el momento has leído 142 páginas. ¿Cuántas páginas más debes leer?

_____

6. Después de sacar $58, a Mark le quedaron $200 en su cuenta de ahorros. ¿Cuánto dinero había en la cuenta antes de sacar el dinero?

_____

Usa cualquier estrategia para resolver cada problema.

7. En una tienda de mascotas el número de peces es 120 veces mayor que tres veces el número de reptiles. Si en la tienda hay 210 peces, ¿cuántos reptiles hay?

_____

8. En una granja hay 20 vacas menos que dos veces el número de cerdos. Si hay 50 vacas, ¿cuántos cerdos hay?

_____

9. Un taller mecánico cobró $248 por repuestos y $30 por hora de trabajo en la reparación de un carro. ¿Cuántas horas dedicó el taller a trabajar con el carro si el importe total de la factura fue de $572?

_____

10. Para hacer una fogata, Brian llevó 7 troncos más que Max. Si Max llevó 24 troncos, ¿cuántos troncos llevó Brian?

_____

Práctica 2-8

Hacer gráficas y escribir desigualdades

Representa gráficamente la solución de cada desigualdad en una recta numérica.

1. $x \leq 3$ <-+--+--+--+--+--+--+--+--+-> x
   $-4 \ -3 \ -2 \ -1 \ 0 \ 1 \ 2 \ 3 \ 4$

2. $t > 1$ <-+--+--+--+--+--+--+--+--+-> t
   $-4 \ -3 \ -2 \ -1 \ 0 \ 1 \ 2 \ 3 \ 4$

3. $q \geq -10$ <-+--+--+--+--+-> q
   $-20 \quad -10 \quad 0 \quad 10 \quad 20$

4. $m < 50$ <-+--+--+--+--+--+--+--+--+-> m
   $-10 \ 0 \ 10 \ 20 \ 30 \ 40 \ 50 \ 60 \ 70$

Indica si el número que aparece en negrita es una solución de cada desigualdad.

5. $x < 7; \mathbf{7}$ _____

6. $p > -3; \mathbf{3}$ _____

7. $k \geq 5; \mathbf{0}$ _____

8. $3z \leq 12; \mathbf{4}$ _____

9. $n - 5 > 3; \mathbf{6}$ _____

10. $2g + 8 \geq 3; \mathbf{-1}$ _____

Escribe una desigualdad para cada recta.

11. _____

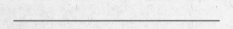
   $-4 \ -3 \ -2 \ -1 \ 0 \ 1 \ 2 \ 3 \ 4$ x

12. _____

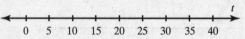
   $-10 \ 0 \ 10 \ 20 \ 30 \ 40 \ 50 \ 60 \ 70$ z

Escribe un enunciado de la vida diaria para cada desigualdad.

13. $d \geq 60$

_____

_____

14. $p < 200$

_____

_____

Escribe una desigualdad para cada enunciado. Representa gráficamente cada solución en la recta numérica correspondiente.

15. Puedes caminar hasta allí en 20 minutos o menos.

_____

   $0 \ 5 \ 10 \ 15 \ 20 \ 25 \ 30 \ 35 \ 40$ t

16. Cada premio vale más de $150.

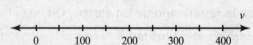
   $0 \quad 100 \quad 200 \quad 300 \quad 400$ v

17. Una especie de bagre, *Malapterurus electricus*, puede generar hasta 350 voltios de electricidad.

a. Escribe una desigualdad para representar la cantidad de electricidad generada por el bagre.

_____

b. Dibuja una gráfica de la desigualdad que escribiste en el punto **a.**

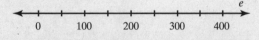
   $0 \quad 100 \quad 200 \quad 300 \quad 400$ e

Práctica 2-9

Resolver desigualdades por medio de la suma o la resta

Resuelve cada desigualdad. Representa gráficamente cada una de las soluciones.

1. $w + 4 < -2$

_____

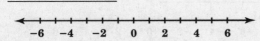

2. $a - 4 \geq 0$

_____

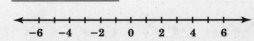

3. $a + 19 > 13$

_____

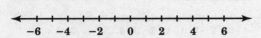

4. $x + 7 \leq 12$

_____

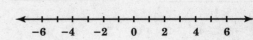

5. $a + 2 > -3$

_____

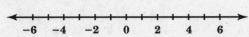

6. $t - 6 < 3$

_____

7. $f - 5 \leq -5$

_____

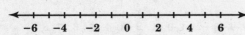

8. $a + 4 \geq -6$

_____

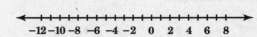

9. $-14 + w \geq -12$

_____

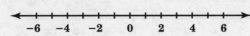

10. $r - 16 > -20$

_____

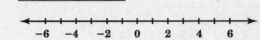

11. $r - 3.4 \leq 2.6$

_____

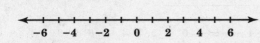

12. $a + 5.7 \geq -2.3$

_____

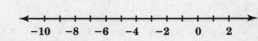

13. $h - 4.9 > -0.9$

_____

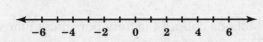

14. $y + 3.4 < -4.6$

_____

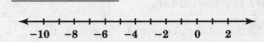

Escribe una desigualdad para cada problema. Resuelve la desigualdad.

15. El registro escolar de la mayor cantidad de puntos obtenidos en una temporada de fútbol americano es de 85. Lawrence ha obtenido hasta ahora 44 puntos en esta temporada. ¿Cuántos puntos más necesita para batir el récord?

_____

_____

16. El límite máximo de peso para un camión completamente cargado es de 16,000 libras. El camión que estás cargando en este momento pesa 12,500 libras. ¿Cuánto peso más se puede agregar sin exceder el límite de peso?

_____

_____

_____

Práctica 2-10

Resolver desigualdades por medio de la multiplicación o la división

Resuelve cada desigualdad. Haz una gráfica de cada solución.

1. $6w \leq 36$

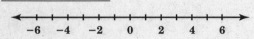

2. $10a \geq 40$

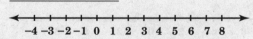

3. $\frac{f}{3} \leq -2$

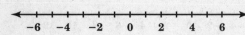

4. $\frac{v}{4} > 2$

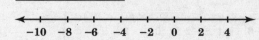

5. $7a > -28$

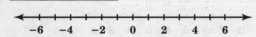

6. $\frac{c}{-3} \geq 3$

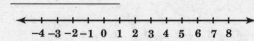

7. $\frac{f}{2} > -1$

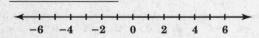

8. $9a \leq 63$

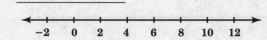

9. $4w \geq -12$

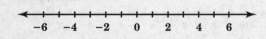

10. $\frac{h}{-2} \geq -5$

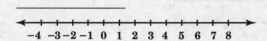

11. $\frac{p}{5} \leq 0$

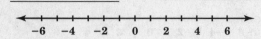

12. $8a \geq 56$

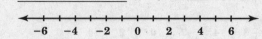

Escribe una desigualdad para resolver cada problema. Luego, resuelve la desigualdad.

13. Marcus quiere comprar 15 pelotas de béisbol. Tiene $35. ¿Cuánto es el precio máximo que puede costar cada pelota?

_____

_____

14. Melinda cobra $4 la hora por cuidar niños. La señora Garden no quiere gastar más de $25 para que cuiden a sus hijos. ¿Cuál es el número máximo de horas que puede contratar a Melinda?

_____

_____

_____

Práctica 3-1

Exponentes y orden de las operaciones

Escribe cada expresión usando exponentes.

1. $3 \times 3 \times 3 \times 3 \times 3$ _____

2. $2.7 \times 2.7 \times 2.7$ _____

3. $11.6 \times 11.6 \times 11.6 \times 11.6$ _____

4. $2 \times 2 \times 2 \times 2 \times 2 \times 2$ _____

5. $8.3 \times 8.3 \times 8.3 \times 8.3 \times 8.3$ _____

6. $4 \times 4 \times 4 \times 4 \times 4 \times 4 \times 4 \times 4$ _____

Escribe cada expresión como producto de factores repetidos. Luego, simplifica.

7. $(0.5)^3$ _____

8. $(-4)^5$ _____

9. $(2.7)^2$ _____

10. 2^3 _____

11. $(-5)^6$ _____

12. $(8.1)^3$ _____

Simplifica. Usa una calculadora, papel y lápiz o el cálculo mental.

13. -4^3

14. $8^3 + 9$

15. $11 + (-6^3)$

16. $14 + 16^2$

_____

_____

_____

_____

17. $8 + 6^4$

18. $2^5 + 2^3$

19. $3^2 \cdot 5^4$

20. $6^2 - 2^4$

_____

_____

_____

_____

21. $4 (0.9 + 1.3)^3$

22. $-3 (1.5 - 0.2)^3$

23. $35 - (4^2 + 5)$

24. $(3^3 + 6) - 7$

_____

_____

_____

_____

25. $5 (0.3 \cdot 1.2)^2$

26. $-18 \div (1.4 - 0.4)^2$

27. $5 (4 + 2)^2$

28. $(8 - 6.7)^3$

_____

_____

_____

_____

29. El volumen de un acuario es de aproximadamente 4.3^3 pies^3. Halla el volumen del acuario.

_____

30. Lana es 2^3 pulg más alta que su hermana menor. ¿Cuántas pulgadas es Lana más alta que su hermana?

_____

Práctica 3-2

Escribe cada número en notación científica.

1. 73,000,000

2. 4,300

3. 510

4. 56,870

_____

5. 68,900

6. 98,000,000,000

7. 4,890,000

8. 38

_____

9. 120,000

10. 543,000

11. 27

12. 54,000

_____

Escribe en la forma normal.

13. 5.7×10^6

14. 2.45×10^8

15. 4.706×10^{11}

_____

16. 8×10^1

17. 7.2×10^3

18. 1.63×10^{12}

_____

19. 8.03×10^{14}

20. 3.26×10^4

21. 5.179×10^5

_____

Escribe cada número en notación científica.

22. Un tipo de ascáride puede poner 200,000 huevos al día.

_____

23. La nariz de un perro pastor alemán tiene unos 220 millones de células que sirven para captar los olores.

_____

24. En un solo día, la población británica consume un total de 15,000 toneladas de papas.

_____

25. Muchas computadoras personales poseen 572,000 bytes de RAM (memoria de acceso aleatorio).

_____

26. El cerebro contiene unos 100 trillones de conexiones nerviosas.

_____

27. Durante una vida promedio, el corazón humano late unos 2,800,000,000 veces.

_____

28. El volumen de agua contenida en la presa Grand Coulee es de unos 10.6 millones de yardas cúbicas.

_____

29. Un segundo se ha definido como el tiempo que tarda un átomo de un determinado metal en vibrar 9,192,631,770 veces.

_____

Práctica 3-3

¿Es divisible el primer número por el segundo? Explica tu respuesta.

1. 390 por 3

2. 4,310 por 5

3. 471 por 2

4. 1,255 por 10

5. 2,648 por 4

6. 531 por 9

7. 364,824 por 8

8. 312,544 por 2

9. 1,541,231 por 3

10. 2,553 por 5

11. 82,544 por 9

12. 650 por 4

Indica si los siguientes números son divisibles por 2, 3, 4, 5, 8, 9 ó 10.
Algunos pueden ser divisibles por más de uno de esos números.

13. 410

14. 450

15. 432

16. 265

17. 72,424

18. 8,304

19. 2,235

20. 6,168

21. 810

22. 3,864

23. 2,421

24. 875

Escribe el dígito que falta para que cada número sea divisible por 3.

25. 1,3 ☐ 1

26. 1,843, ☐ 89

27. 1 ☐ 5,687

Escribe el dígito que falta para que cada número sea divisible por 8.

28. 2,4 ☐ 2

29. 744,7 ☐ 8

30. 1,325, ☐ 84

Práctica 3-4

Descomposición en factores primos

Calcula el mcm de cada par de números.

1. 11, 5 _____

2. 5, 12 _____

3. 12, 7 _____

4. 5, 9 _____

5. 5, 18 _____

6. 5, 20 _____

7. 7, 10 _____

8. 17, 13 _____

9. 14, 8 _____

10. 11, 23 _____

11. 14, 5 _____

12. 16, 9 _____

13. Cameron está haciendo collares de cuentas. Tiene 90 cuentas verdes y 108 cuentas azules. ¿Cuál es la mayor cantidad de collares idénticos que puede hacer si quiere usar todas las cuentas?

_____

14. Una estación de radio transmite un pronóstico del tiempo cada 18 minutos y otra estación transmite un anuncio comercial cada 15 minutos. Si ambas estaciones transmiten un pronóstico meteorológico y un anuncio comercial a mediodía, ¿a qué hora volverán a transmitir ambos al mismo tiempo?

_____

Indica si cada uno de estos números es primo o compuesto.

15. 97 _____

16. 63 _____

17. 29 _____

18. 120 _____

Halla la descomposición en factores primos. Usa exponentes siempre que puedas.

19. 42 _____

20. 130 _____

21. 78 _____

22. 126 _____

23. 125 _____

24. 90 _____

25. 92 _____

26. 180 _____

Halla el MCD de cada par de números.

27. 45, 60 _____

28. 18, 42 _____

29. 32, 80 _____

30. 20, 65 _____

31. 24, 90 _____

32. 17, 34 _____

33. 14, 35 _____

34. 51, 27 _____

35. 42, 63 _____

Práctica 3-5

Escribe cada fracción en su mínima expresión.

1. $\frac{8}{12}$ _____

2. $\frac{9}{15}$ _____

3. $\frac{16}{20}$ _____

4. $\frac{20}{25}$ _____

5. $\frac{15}{18}$ _____

6. $\frac{14}{30}$ _____

7. $\frac{11}{44}$ _____

8. $\frac{24}{36}$ _____

9. $\frac{12}{16}$ _____

10. $\frac{34}{68}$ _____

11. $\frac{28}{42}$ _____

12. $\frac{30}{65}$ _____

Escribe cada fracción en su mínima expresión. Indica el MCD del numerador y el denominador.

13. $\frac{18}{45}$ _____ MCD = _____

14. $\frac{66}{121}$ _____ MCD = _____

15. $\frac{36}{102}$ _____ MCD = _____

16. $\frac{125}{200}$ _____ MCD = _____

17. $\frac{36}{64}$ _____ MCD = _____

18. $\frac{65}{90}$ _____ MCD = _____

19. $\frac{45}{72}$ _____ MCD = _____

20. $\frac{35}{85}$ _____ MCD = _____

21. $\frac{30}{42}$ _____ MCD = _____

Resuelve.

22. Emily hizo ejercicio desde las 4:05 p.m. hasta las 4:32 p.m. ¿Durante qué fracción de una hora hizo ejercicio Emily? Escribe la fracción en su mínima expresión. _____

23. Luis anduvo en bicicleta después de la escuela durante 48 minutos. ¿Durante qué fracción de una hora anduvo en bicicleta? Escribe la fracción en su mínima expresión. _____

24. Philip jugó con los videojuegos durante 55 minutos antes de cenar. ¿Durante qué fracción de una hora estuvo jugando? _____

25. ¿Qué porción de una hora ocupa el tiempo que te dan para el almuerzo en tu escuela?

_____

26. Haz una encuesta con 12 personas para averiguar su tipo favorito de pizza entre las opciones siguientes. Escribe los resultados en forma de fracciones. Luego, pinta las porciones de pizza de diferentes colores para indicar sus preferencias.

Pizzas favoritas

De queso _____

De pimiento verde _____

De aceitunas _____

De champiñones _____

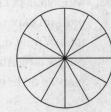

Práctica 3-6

Escribe las dos fracciones que se corresponden con estos modelos y compáralas con <, > ó =.

1.

2.

3.

_____   _____   _____

Calcula el mcd de cada par de fracciones.

4. $\frac{5}{8}, \frac{5}{6}$ _____

5. $\frac{5}{12}, \frac{7}{8}$ _____

6. $\frac{9}{10}, \frac{1}{2}$ _____

7. $\frac{2}{3}, \frac{3}{4}$ _____

8. $\frac{1}{6}, \frac{3}{10}$ _____

9. $\frac{1}{4}, \frac{2}{15}$ _____

10. $\frac{5}{6}, \frac{8}{15}$ _____

11. $\frac{7}{12}, \frac{9}{20}$ _____

Compara. Usa <, > ó =.

12. $\frac{7}{8} \square \frac{3}{10}$

13. $\frac{4}{5} \square \frac{1}{2}$

14. $\frac{6}{12} \square \frac{4}{8}$

15. $\frac{7}{15} \square \frac{11}{15}$

16. $\frac{4}{5} \square \frac{6}{10}$

17. $\frac{7}{12} \square \frac{2}{3}$

18. $\frac{8}{15} \square \frac{1}{2}$

19. $\frac{10}{15} \square \frac{8}{12}$

20. $\frac{4}{9} \square \frac{7}{9}$

21. $\frac{2}{5} \square \frac{3}{8}$

22. $\frac{1}{2} \square \frac{11}{20}$

23. $\frac{7}{16} \square \frac{1}{2}$

Ordena de menor a mayor.

24. $\frac{1}{4}, \frac{1}{3}, \frac{1}{6}$ _____

25. $\frac{1}{2}, \frac{5}{6}, \frac{7}{8}$ _____

26. $\frac{1}{4}, \frac{2}{5}, \frac{3}{8}$ _____

27. $\frac{7}{8}, \frac{5}{9}, \frac{2}{3}$ _____

28. $\frac{3}{8}, \frac{5}{6}, \frac{1}{2}$ _____

29. $\frac{9}{10}, \frac{11}{12}, \frac{15}{16}$ _____

30. $\frac{3}{4}, \frac{1}{2}, \frac{7}{8}$ _____

31. $\frac{5}{9}, \frac{2}{3}, \frac{7}{12}$ _____

32. $\frac{15}{16}, \frac{7}{8}, \frac{1}{2}$ _____

Resuelve.

33. Un diseño requiere un dobladillo de al menos $\frac{5}{8}$ de pulg. Raquel cosió un dobladillo de $\frac{1}{2}$ pulg de ancho. ¿Es este ancho suficiente? Explica tu respuesta.

_____

34. Marc necesita $\frac{3}{4}$ de taza de leche para una receta. Tiene $\frac{2}{3}$ de taza. ¿Le alcanza con eso? Explica tu respuesta.

_____

35. Mónica está cultivando tres plantas de frijoles para un experimento científico. La planta A mide $\frac{1}{2}$ pulg de altura. La planta B mide $\frac{3}{4}$ de pulg. La planta C mide $\frac{3}{8}$ de pulg. Ordena las plantas de la más baja a la más alta.

_____

36. Durante una tormenta cayeron $\frac{7}{16}$ de pulg de lluvia en Willow y $\frac{5}{8}$ de pulg en Riverton. ¿Dónde llovió más?

_____

Práctica 3-7

Resolver problemas: Resolver un problema más simple y buscar un patrón

Para resolver cada problema, resuelve un problema más simple y busca luego un patrón.

1. Busca un patrón para el dígito de unidades de las potencias de 6.
   ¿Cuál es el dígito de unidades de 6^6?

   _____

   _____

2. Suma los doscientos números pares que van de 0 a 398.

   _____

3. Las figuras de la derecha representan los tres
   primeros *números rectangulares*. Describe el patrón.
   Halla el valor del octavo número rectangular.

   _____

   _____

4. El mismo cubo se muestra desde tres ángulos diferentes. ¿De qué
   color es la base en la primera posición? (PISTA: haz un modelo.)

   _____

   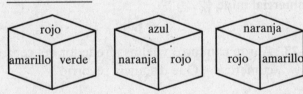

5. Los armarios del gimnasio de una escuela están numerados de
   1 a 125. ¿Cuántos números de armario contienen el dígito 4?

   _____

6. ¿Cuántas diagonales puedes trazar en un polígono regular de
   8 lados?

   _____

7. Se inscribieron sesenta y cuatro jugadores a un torneo de tenis.
   Cada jugador que pierde un partido es eliminado. ¿Cuántos partidos
   deben programarse para determinar el campeón del torneo?

   _____

8. Estudia los patrones de puntos. ¿Cuántos puntos tendrá el
   12º patrón?

Práctica 3-8

Números mixtos y fracciones impropias

1. Escribe un número mixto y una fracción impropia para el siguiente modelo.

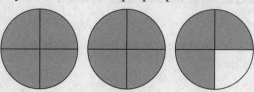

    _____

Expresa cada número mixto como fracción impropia.

2. $2\frac{3}{8}$ _____

3. $5\frac{1}{3}$ _____

4. $1\frac{7}{10}$ _____

5. $3\frac{4}{9}$ _____

6. $4\frac{5}{8}$ _____

7. $3\frac{5}{12}$ _____

8. $1\frac{15}{16}$ _____

9. $2\frac{3}{10}$ _____

Escribe cada fracción impropia como número mixto en su mínima expresión.

10. $\frac{25}{3}$ _____

11. $\frac{42}{7}$ _____

12. $\frac{18}{4}$ _____

13. $\frac{28}{6}$ _____

14. $\frac{27}{12}$ _____

15. $\frac{11}{6}$ _____

16. $\frac{20}{3}$ _____

17. $\frac{34}{8}$ _____

18. $\frac{125}{5}$ _____

19. $\frac{34}{7}$ _____

20. $\frac{40}{6}$ _____

21. $\frac{84}{12}$ _____

La distancia alrededor del interior de un centro comercial mide $\frac{12}{16}$ de milla.

22. Juan corrió 4 vueltas alrededor del centro comercial. ¿Qué distancia recorrió?

    _____

23. Aaron caminó 3 vueltas alrededor del centro comercial. ¿Qué distancia recorrió?

    _____

La distancia alrededor de una pista de carreras cubierta mide $\frac{1}{6}$ de milla.

24. Aruna corrió 16 vueltas a la pista. ¿Qué distancia recorrió?

    _____

25. Theresa caminó 22 vueltas a la pista. ¿Qué distancia recorrió?

    _____

26. Sombrea las siguientes figuras para representar $3\frac{5}{8}$. ¿Cuántos octavos sombreaste?

    _____

Práctica 3-9

Escribe cada fracción como decimal.

1. $\frac{3}{5}$ _____

2. $\frac{7}{8}$ _____

3. $\frac{7}{9}$ _____

4. $\frac{5}{16}$ _____

5. $\frac{1}{6}$ _____

6. $\frac{5}{8}$ _____

7. $\frac{1}{3}$ _____

8. $\frac{2}{3}$ _____

9. $\frac{9}{10}$ _____

10. $\frac{7}{11}$ _____

11. $\frac{9}{20}$ _____

12. $\frac{3}{4}$ _____

13. $\frac{4}{9}$ _____

14. $\frac{9}{11}$ _____

15. $\frac{11}{20}$ _____

16. $\frac{9}{2}$ _____

17. $\frac{5}{4}$ _____

18. $\frac{11}{8}$ _____

19. $\frac{11}{12}$ _____

20. $\frac{8}{15}$ _____

Escribe cada decimal como número mixto o fracción en su mínima expresión.

21. 0.6 _____

22. 0.45 _____

23. 0.62 _____

24. 0.8 _____

25. 0.325 _____

26. 0.725 _____

27. 4.75 _____

28. 0.33 _____

29. 0.925 _____

30. 3.8 _____

31. 4.7 _____

32. 0.05 _____

33. 0.65 _____

34. 0.855 _____

35. 0.104 _____

36. 0.47 _____

37. 0.894 _____

38. 0.276 _____

39. 1.84 _____

40. 2.59 _____

Ordena de menor a mayor.

41. $0.\overline{2}, \frac{1}{5}, 0.02$

42. $1.\overline{1}, 1\frac{1}{10}, 1.101$

43. $\frac{6}{5}, 1\frac{5}{6}, 1.\overline{3}$

_____

_____

_____

44. $4.\overline{3}, \frac{9}{2}, 4\frac{3}{7}$

45. $0.\overline{13}, \frac{2}{75}, 1.3$

46. $\frac{1}{8}, \frac{1}{4}, 0.12$

_____

_____

_____

47. Se le pidió a un grupo de gimnastas que indicaran su pieza de equipo favorita. 0.33 de ellos eligieron la garrocha, $\frac{4}{9}$ eligieron la jabalina y $\frac{1}{7}$ eligieron las barras paralelas desiguales. Enumera sus preferencias de mayor a menor.

_____

Práctica 3-10

Compara. Usa <, > ó =.

1. $-\frac{2}{9}$ ☐ $-\frac{4}{9}$ **2.** $-\frac{1}{6}$ ☐ $-\frac{2}{3}$ **3.** $-\frac{5}{12}$ ☐ $-\frac{3}{4}$

4. -1 ☐ $-\frac{1}{3}$ **5.** $-\frac{5}{6}$ ☐ $-\frac{10}{12}$ **6.** $-\frac{1}{8}$ ☐ $-\frac{1}{2}$

7. -1.2 ☐ -2.1 **8.** -0.6 ☐ -0.52 **9.** -1.23 ☐ -1.25

10. -5.3 ☐ $-5.\overline{3}$ **11.** $-3\frac{1}{4}$ ☐ -3.25 **12.** $-4\frac{2}{5}$ ☐ -4.12

Ordena de menor a mayor.

13. $\frac{5}{4}, 1.5, -\frac{3}{2}, -0.5$ **14.** $\frac{1}{11}, -0.9, 0.09, \frac{1}{10}$

_____   _____

15. $0.1\overline{2}, -\frac{11}{12}, -\frac{1}{6}, -0.1$ **16.** $\frac{2}{3}, 0.6, -\frac{5}{6}, -6.6$

_____   _____

17. $1.312, 1\frac{3}{8}, -1\frac{3}{10}, -1.33$ **18.** $1, \frac{4}{5}, -\frac{8}{9}, -1$

_____   _____

Evalúa. Escribe el resultado en su mínima expresión.

19. $\frac{y}{z}$, para $y = -6$ y $z = -20$ _____

20. $\frac{2y}{-z}$, para $y = -5$ y $z = -12$ _____

21. $\frac{y + z}{2z}$, para $y = -4$ y $z = 8$ _____

22. $\frac{-2y + 1}{-z}$, para $y = 3$ y $z = 10$ _____

Compara.

23. La temperatura a las 3:00 a.m. fue de $-17.3\ °F$. A mediodía fue de $-17.8\ °F$. ¿A qué hora hizo más frío?

_____

24. Samuel es $\frac{5}{8}$ de pulg más alto que Jackie. Shelly es 0.7 pulg más alta que Jackie. ¿Quién es el más alto?

_____

Práctica 4-1

Estimar con fracciones y números mixtos

Estima cada suma o resta.

1. $\frac{1}{6} + \frac{5}{8}$ _____
2. $\frac{7}{8} - \frac{1}{16}$ _____
3. $\frac{9}{10} + \frac{7}{8}$ _____
4. $\frac{1}{12} + \frac{9}{10}$ _____

5. $\frac{1}{10} + \frac{5}{6}$ _____
6. $\frac{4}{5} - \frac{1}{6}$ _____
7. $\frac{11}{12} - \frac{5}{16}$ _____
8. $\frac{15}{16} + \frac{11}{12}$ _____

9. $2\frac{1}{6} + 7\frac{1}{9}$ _____
10. $4\frac{9}{10} - 3\frac{5}{8}$ _____
11. $4\frac{7}{8} + 8\frac{1}{5}$ _____
12. $14\frac{7}{9} - 9\frac{1}{8}$ _____

13. $14\frac{3}{4} + 9\frac{7}{8}$ _____
14. $7\frac{11}{15} - 6\frac{7}{16}$ _____
15. $3\frac{11}{15} - 2\frac{9}{10}$ _____
16. $8\frac{7}{8} - \frac{11}{12}$ _____

Estima cada multiplicación o división.

17. $13\frac{1}{8} \div 6\frac{1}{5}$ _____
18. $5\frac{1}{6} \cdot 8\frac{4}{5}$ _____
19. $8\frac{1}{6} \div 1\frac{9}{10}$ _____
20. $1\frac{9}{10} \cdot 4\frac{7}{8}$ _____

21. $27\frac{6}{7} \div 3\frac{2}{3}$ _____
22. $20\frac{4}{5} \cdot 2\frac{2}{7}$ _____
23. $9\frac{1}{3} \div 2\frac{7}{8}$ _____
24. $16\frac{1}{9} \cdot 2\frac{1}{8}$ _____

25. $19\frac{4}{5} \div 4\frac{5}{8}$ _____
26. $9\frac{2}{13} \div 3\frac{1}{18}$ _____
27. $42\frac{1}{6} \div 6\frac{1}{16}$ _____
28. $3\frac{9}{10} \cdot 8\frac{7}{8}$ _____

29. $15\frac{1}{20} \cdot 3\frac{1}{10}$ _____
30. $72\frac{2}{15} \div 8\frac{3}{4}$ _____
31. $3\frac{5}{6} \cdot 10\frac{1}{12}$ _____
32. $36\frac{1}{4} \div 5\frac{15}{16}$ _____

Resuelve cada problema.

33. Cada uno de los vestidos de las damas de honor de una boda requiere $7\frac{1}{8}$ yd de tela. Estima cuánta tela se necesitaría para hacer 6 vestidos.

34. Una tienda de telas tiene $80\frac{3}{8}$ yd de cierta tela. ¿Aproximadamente cuántos pares de cortinas podrían hacerse con esa tela si cada par requiere $4\frac{1}{8}$ yd?

_____

35. El carro de Adam tiene capacidad para $16\frac{1}{10}$ gal de gasolina. ¿Aproximadamente cuántos galones le quedarán si salió con el tanque lleno y usó $11\frac{9}{10}$ gal?

36. Julia compró acciones a $\$28\frac{1}{8}$ por acción. El valor de cada acción subió $\$6\frac{5}{8}$. ¿Aproximadamente cuánto vale ahora cada acción?

_____

Estima cada respuesta.

37. $6\frac{2}{9} - 2\frac{7}{8}$ _____
38. $\frac{1}{8} + \frac{9}{10}$ _____
39. $8\frac{2}{9} \cdot 10\frac{4}{9}$ _____

40. $6\frac{1}{4} \div 2\frac{3}{11}$ _____
41. $5\frac{1}{11} \cdot 8\frac{13}{15}$ _____
42. $\frac{21}{40} - \frac{5}{89}$ _____

43. $\frac{81}{100} - \frac{1}{2}$ _____
44. $11\frac{5}{9} \div 2\frac{1}{2}$ _____
45. $\frac{3}{5} + \frac{7}{8}$ _____

Práctica 4-2

Sumar y restar fracciones

Escribe un enunciado numérico para cada modelo.

1.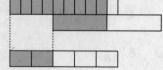

2.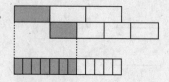

3.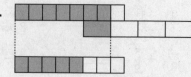

_____   _____   _____

Resuelve cada suma o resta.

4. $\frac{1}{6} + \frac{7}{8}$ _____

5. $\frac{9}{10} - \frac{1}{6}$ _____

6. $\frac{4}{5} + \frac{9}{10}$ _____

7. $\frac{1}{6} + \frac{1}{6}$ _____

8. $\frac{1}{10} + \frac{2}{5}$ _____

9. $\frac{8}{9} - \frac{2}{9}$ _____

10. $\frac{5}{6} + \frac{1}{12}$ _____

11. $\frac{2}{3} - \frac{1}{2}$ _____

12. $\frac{3}{10} + \frac{3}{10}$ _____

13. $\frac{7}{9} - \frac{1}{3}$ _____

14. $\frac{3}{4} - \frac{1}{4}$ _____

15. $\frac{3}{8} + \frac{5}{12}$ _____

16. $\frac{1}{5} + \frac{3}{4}$ _____

17. $\frac{1}{3} + \frac{1}{2}$ _____

18. $\frac{11}{12} - \frac{3}{4}$ _____

19. $\frac{1}{8} + \frac{1}{12}$ _____

20. $\frac{7}{10} - \frac{1}{3}$ _____

21. $\frac{5}{8} + \frac{1}{4}$ _____

Usa la tabla de la derecha para los ejercicios 22 a 27. Indica los dos aperitivos que deben combinarse para dar la suma indicada.

22. $\frac{5}{6}$ de taza _____

23. $\frac{1}{2}$ de taza _____

24. $\frac{3}{4}$ de taza _____

25. $\frac{11}{12}$ de taza _____

26. 1 taza _____

27. $\frac{19}{24}$ de taza _____

Aperitivo	Porción
Pasas	$\frac{1}{4}$ de taza
Nueces	$\frac{3}{8}$ de taza
Almendras	$\frac{1}{8}$ de taza
Palitos de sésamo	$\frac{2}{3}$ de taza
Mini pretzels	$\frac{5}{8}$ de taza
Damascos secos	$\frac{1}{6}$ de taza

Resuelve cada ecuación.

28. $\frac{4}{10} + x = \frac{9}{10}$ _____

29. $\frac{2}{3} + x = \frac{4}{6}$ _____

30. $s - \frac{1}{5} = \frac{2}{10}$ _____

31. $y + \frac{2}{9} = \frac{6}{18}$ _____

32. $b - \frac{4}{12} = \frac{8}{12}$ _____

33. $c + \frac{1}{6} = \frac{5}{12}$ _____

34. $\frac{4}{7} + k = \frac{20}{21}$ _____

35. $\frac{3}{8} + d = \frac{7}{8}$ _____

36. $f - \frac{1}{10} = \frac{2}{5}$ _____

Práctica 4-3

Resuelve cada suma.

1. $5\frac{1}{3} + 3\frac{2}{3}$

2. $7\frac{1}{4} + 4\frac{3}{8}$

3. $2\frac{1}{8} + 6\frac{5}{8}$

_____

_____

_____

4. $8\frac{1}{5} + 4\frac{3}{10}$

5. $9\frac{1}{6} + 6\frac{1}{4}$

6. $3\frac{2}{3} + 10\frac{5}{6}$

_____

_____

_____

Resuelve cada resta.

7. $6\frac{11}{12} - 4\frac{5}{12}$

8. $12 - 5\frac{3}{10}$

9. $14\frac{1}{2} - 7\frac{1}{5}$

_____

_____

_____

10. $9 - 5\frac{5}{6}$

11. $13\frac{3}{4} - 10\frac{1}{2}$

12. $15\frac{1}{6} - 6\frac{5}{12}$

_____

_____

_____

Resuelve cada suma o resta.

13. $1\frac{1}{6} - \frac{3}{4}$

14. $4\frac{1}{2} - 2\frac{7}{8}$

15. $9\frac{3}{4} + 7\frac{7}{8}$

_____

_____

_____

16. $5\frac{1}{6} - 4\frac{7}{12}$

17. $9\frac{8}{15} + 11\frac{5}{12}$

18. $\frac{14}{15} - \frac{1}{2}$

_____

_____

_____

19. $\frac{7}{12} + \frac{5}{6}$

20. $1\frac{4}{9} + 3\frac{1}{6}$

21. $3\frac{1}{2} - 2\frac{1}{4}$

_____

_____

_____

Escribe un número mixto para cada período de tiempo. Asegúrate de que cada fracción esté indicada en su mínima expresión.

22. 8:00 a.m. a 9:20 a.m.

23. 9:00 a.m. a 2:45 p.m.

_____

_____

24. 11:00 a.m. a 3:55 p.m.

25. 8:30 a.m. a 10:40 p.m.

_____

_____

26. 5:30 p.m. a 10:45 p.m.

27. 7:20 a.m. a 11:00 a.m.

_____

_____

Práctica 4-4

Multiplicar fracciones y números mixtos

Resuelve cada multiplicación.

1. $\frac{5}{6} \cdot \frac{3}{5}$ _____

2. $\frac{7}{8} \cdot \frac{4}{5}$ _____

3. $\frac{9}{10} \cdot \frac{5}{12}$ _____

4. $\frac{5}{8} \cdot \frac{3}{5}$ _____

5. $\frac{1}{6}$ de 36 _____

6. $\frac{2}{3}$ de 36 _____

7. $\frac{5}{9} \cdot 36$ _____

8. $\frac{3}{4} \cdot 36$ _____

9. $5 \cdot \frac{3}{4}$ _____

10. $2 \cdot \frac{9}{10}$ _____

11. $8 \cdot \frac{9}{10}$ _____

12. $4 \cdot \frac{7}{12}$ _____

13. $\frac{1}{3} \cdot 3\frac{1}{3}$ _____

14. $\frac{5}{6}$ de $1\frac{3}{5}$ _____

15. $\frac{4}{5} \cdot 2\frac{5}{6}$ _____

16. $\frac{1}{8}$ de $1\frac{4}{5}$ _____

17. $3 \cdot 4\frac{1}{2}$ _____

18. $4 \cdot 2\frac{2}{3}$ _____

19. $5 \cdot 2\frac{1}{4}$ _____

20. $3 \cdot 2\frac{2}{3}$ _____

21. $4\frac{1}{2} \cdot 1\frac{1}{6}$ _____

22. $3\frac{2}{3} \cdot 1\frac{1}{2}$ _____

23. $4\frac{1}{6} \cdot 2\frac{2}{5}$ _____

24. $3\frac{1}{4} \cdot 2\frac{1}{6}$ _____

Resuelve.

25. El espesor de una placa de madera laminada es de $\frac{5}{8}$ de pulgada. ¿Qué altura tendrá una pila de 21 placas?

   _____

26. Un cartel mide 38 cm de ancho. Si se usa una fotocopiadora para hacer una copia que mida $\frac{3}{5}$ del tamaño original, ¿cuál será el ancho de la copia?

   _____

27. Un objeto de un kilogramo pesa unas $2\frac{1}{5}$ libras. Calcula el peso en libras de un monitor de computadora que tiene una masa de $7\frac{3}{8}$ kilogramos.

   _____

28. La población de Suecia es cerca de $1\frac{11}{16}$ veces mayor que la de Dinamarca. Calcula la población de Suecia si la de Dinamarca es de unos 5,190,000 habitantes.

   _____

Práctica 4-5

Halla el recíproco de cada número.

1. $\frac{1}{2}$ _____

2. $\frac{3}{4}$ _____

3. $\frac{7}{8}$ _____

4. $\frac{9}{16}$ _____

5. $\frac{4}{5}$ _____

6. $1\frac{1}{4}$ _____

7. $2\frac{1}{3}$ _____

8. $3\frac{2}{5}$ _____

9. $2\frac{9}{10}$ _____

10. $3\frac{1}{6}$ _____

Resuelve cada división.

11. $\frac{3}{4} \div \frac{1}{4}$ _____

12. $\frac{7}{8} \div \frac{1}{4}$ _____

13. $\frac{5}{6} \div \frac{1}{12}$ _____

14. $\frac{1}{12} \div \frac{5}{6}$ _____

15. $4 \div \frac{1}{3}$ _____

16. $6 \div \frac{3}{4}$ _____

17. $5 \div \frac{9}{10}$ _____

18. $8 \div \frac{2}{3}$ _____

19. $\frac{4}{5} \div 2$ _____

20. $\frac{7}{8} \div 3$ _____

21. $\frac{5}{6} \div 5$ _____

22. $\frac{4}{9} \div 8$ _____

23. $1\frac{1}{2} \div \frac{2}{3}$ _____

24. $1\frac{1}{2} \div \frac{3}{2}$ _____

25. $\frac{3}{4} \div 1\frac{1}{3}$ _____

26. $2\frac{1}{2} \div 1\frac{1}{4}$ _____

27. $2\frac{1}{2} \div 2\frac{1}{4}$ _____

28. $1\frac{3}{4} \div \frac{3}{4}$ _____

29. $1\frac{7}{10} \div \frac{1}{2}$ _____

30. $3\frac{1}{4} \div 1\frac{1}{3}$ _____

31. $4\frac{1}{2} \div 2\frac{1}{2}$ _____

32. $6 \div 3\frac{4}{5}$ _____

33. $4\frac{3}{4} \div \frac{7}{8}$ _____

34. $5\frac{5}{6} \div 1\frac{1}{3}$ _____

35. $3\frac{3}{8} \div 1\frac{1}{4}$ _____

36. $6\frac{1}{2} \div 1\frac{1}{2}$ _____

37. $2\frac{9}{10} \div 1\frac{3}{4}$ _____

Resuelve cada problema.

38. Rosa prepara $2\frac{1}{2}$ tazas de budín. ¿Cuántas porciones de $\frac{1}{3}$ de taza puede obtener del budín?

_____

39. Un tipo de luciérnaga emite un destello cada $1\frac{1}{2}$ s. ¿Cuántos destellos emite en un minuto?

_____

40. Bea puede correr $\frac{1}{6}$ de milla en 2 minutos. ¿Cuánto tardaría en correr dos millas?

41. Joe maneja su carro y recorre 20 millas en $\frac{1}{2}$ hora. ¿Cuánto tardará en recorrer 50 millas?

_____

Práctica 4-6

Resolver ecuaciones con fracciones

Resuelve cada ecuación.

1. $m + \frac{7}{8} = 1\frac{1}{2}$ _____

2. $j - \frac{1}{4} = \frac{7}{8}$ _____

3. $t + \frac{9}{10} = 1\frac{4}{5}$ _____

4. $k - \frac{5}{6} = \frac{11}{12}$ _____

5. $\frac{7}{8} = n + \frac{1}{4}$ _____

6. $\frac{1}{5} = a - \frac{9}{10}$ _____

7. $b + \frac{7}{10} = 1\frac{1}{2}$ _____

8. $c - \frac{7}{8} = \frac{5}{8}$ _____

9. $w + 2\frac{1}{4} = 5\frac{5}{8}$ _____

10. $x - 1\frac{3}{5} = 2\frac{7}{10}$ _____

11. $\frac{2}{9} = z - \frac{2}{3}$ _____

12. $\frac{1}{2} = d + \frac{1}{6}$ _____

13. $4y = 9$ _____

14. $\frac{d}{9} = 16$ _____

15. $\frac{1}{5}a = 47$ _____

16. $51m = 3$ _____

17. $\frac{x}{9} = 4$ _____

18. $5j = 50$ _____

19. $16b = 2$ _____

20. $\frac{1}{4}c = 9$ _____

21. $\frac{z}{12} = 8$ _____

22. $11e = 15$ _____

23. $50p = 75$ _____

24. $19 = \frac{1}{6}q$ _____

25. $\frac{2}{3}x + 4 = 8$ _____

26. $\frac{z}{4} - 2 = 10$ _____

27. $\frac{m}{3} + 4 = 6$ _____

28. $\frac{5}{6}n - 2 = 8$ _____

29. $3 + \frac{7}{8}z = 24$ _____

30. $\frac{j}{7} - 10 = 32$ _____

Escribe y resuelve una ecuación para resolver cada problema. Las ecuaciones pueden variar.

31. Lacey tenía una cinta de $5\frac{7}{8}$ yardas de largo. Usó $1\frac{1}{2}$ yarda para el cinturón de un vestido. ¿Cuánta cinta le queda?

32. La profundidad de un río en cierto punto normalmente es de $16\frac{3}{4}$ pies. El agua subió $5\frac{1}{2}$ pies durante una inundación. ¿Cuál fue la profundidad del río en ese punto durante la inundación?

33. Katrina recorrió $6\frac{3}{4}$ millas en su bicicleta antes de advertir que había olvidado su candado. Luego recorrió $2\frac{1}{2}$ millas de regreso a casa antes de encontrarse con Magda. ¿Qué distancia debe recorrer Katrina hasta llegar a su casa?

34. Una línea costera se erosiona a razón de $1\frac{7}{10}$ pies por año. Una casa se encuentra a $225\frac{9}{10}$ pies del agua. Si la erosión continúa al mismo ritmo, ¿a qué distancia del agua estará la casa dentro de un año?

35. Si $\frac{1}{3}$ de un número es 21, ¿cuál es ese número?

36. Si 8 veces un número es 16, ¿cuál es ese número?

Práctica 4-7 Resolver problemas: Probar, comprobar y revisar, y trabajar en sentido inverso

Resuelve cada problema usando cualquiera de los métodos de la lección. Verifica las respuestas en el problema original.

1. Un hongo de crecimiento rápido duplica su tamaño cada día. Después de 30 días, mide 6 pulgadas de altura. ¿En qué día medía $1\frac{1}{2}$ pulgadas de altura?

   _____

2. Si comienzas con un número, le restas 14, luego lo divides por 12 y el resultado es 248, ¿cuál era el número original?

   _____

3. Es el turno de la Sra. Winter de llevar a sus compañeros de trabajo a la oficina en su carro. Le lleva 20 minutos recoger a sus pasajeros. Desde su última parada, le lleva 45 minutos conducir hasta la oficina. El grupo desea llegar 10 minutos antes de que comience el horario de oficina. Si el horario de oficina comienza a las 8:30 a.m., ¿a qué hora debe salir de su casa la Sra. Winter?

Usa cualquier estrategia para resolver cada problema. Muestra tu trabajo.

4. James salió de compras un sábado por la tarde. Gastó $\frac{1}{2}$ del dinero en un nuevo estéreo. Gastó la mitad de lo que le quedaba en un traje nuevo. La mitad de lo que le quedaba la gastó en un nuevo CD. Si regresó a casa con $15, ¿cuánto dinero tenía al comenzar?

   _____

5. En una escuela secundaria, la mitad de los estudiantes se retira inmediatamente después de clases porque regresan a su casa caminando. Después de 5 minutos, $\frac{1}{4}$ de los estudiantes que quedan han partido en sus bicicletas. Después de otros 5 minutos, $\frac{3}{4}$ de los que quedan parten en autobús. En este momento quedan 51 estudiantes realizando actividades después de clase. ¿Cuántos estudiantes asisten a la escuela?

   _____

6. Trish gastó un cuarto de su dinero en un libro nuevo. Le pagó a una amiga $3.50 que le había pedido prestados. Después gastó $4.75 en unos aretes. Cuando volvió a su casa tenía $18.00. ¿Cuánto dinero tenía al comenzar?

   _____

7. En un día, Howard firmó cheques por $125.00, $98.57 y $23.46. Hizo un depósito de $475.00. Si su cuenta tiene ahora $472.96, ¿cuánto dinero había en ella al comenzar el día?

   _____

Práctica 4-8

Convertir unidades en el sistema de medidas angloamericano

Indica si multiplicarías o dividirías para convertir de una unidad de medida a otra.

1. toneladas a libras _____
2. pintas a cuartos _____
3. pies a yardas _____

4. galones a pintas _____
5. tazas a cuartos _____
6. libras a onzas _____

Completa.

7. 9 ct = _____ gal

8. $2\frac{1}{4}$ T = _____ lb

9. $3\frac{1}{2}$ yd = _____ pulg

10. 4 yd = _____ pies

11. 60 tz = _____ ct

12. $1\frac{3}{4}$ gal = _____ pt

13. 246 pulg = _____ pies

14. 1,750 oz = _____ lb

15. $\frac{3}{4}$ T. = _____ oz

16. 84 pies = _____ yd

17. 198 pulg = _____ yd

18. 11,880 pies = _____ mi

19. 480 oz líq = _____ pt

20. $\frac{1}{4}$ gal = _____ oz líq

21. $1\frac{1}{2}$ pt = _____ oz líq

22. $\frac{1}{2}$ mi = _____ pies

23. $\frac{1}{10}$ mi = _____ pulg

24. 3 mi = _____ yd

25. 2 lb 6 oz = _____ lb

26. 2 ct 8 oz líq = _____ ct

27. 4 yd 2 pies = _____ yd

Resuelve.

28. Las granjas de Estados Unidos produjeron 2,460,000,000 bushels de soya en 1994. ¿A cuántos cuartos equivale esto? (Un bushel equivale a 32 cuartos.)

29. En 1994, Brian Berg construyó una "casa" de 81 pisos usando naipes. La casa llegó a tener $15\frac{2}{3}$ pies de alto. ¿A cuántas pulgadas equivale esto?

Escoge la unidad de medida angloamericana apropiada.

30. capacidad de una jarra

31. longitud de una habitación grande

32. distancia entre dos capitales

33. capacidad de una botella de champú

Práctica 4-9

Subraya la unidad de medida más precisa.

1. 23 oz, 20.7 oz

2. 1,830 g, 2.5 kg

3. 160 ct, 137 ct

4. 63.7 L, 63.70 L

5. 3.7 T, 5,610 lb

6. 47 ct, 83 pt

7. 58.3 cm, 4.6 m

8. 12 L, 1,735 ml

9. 61 lb, 63.7 lb

10. 3,008 pt, 0.95 pt

11. 7.3 min, 516 s

12. 2.7 ml, 12 ml

13. 26.4 cm, 8.39 cm

14. 216 pies, 3,106 pulg

15. 4.1 lb, 6.123 lb

**Halla cada suma o resta. Redondea tu respuesta para que coincida
con la medida menos precisa.**

16. 6.35 oz + 4.2 oz

17. 83 g − 1.8 g

18. 6.25 pulg + 15.85 pulg

_____

19. 4.20 yd + 8.64 yd

20. 21 cm + 5360 cm

21. 8,137 h − 500 h

_____

22. 5.382 m + 8 m

23. 6.4 pies + 4300 pies

24. 30 mi + 16.5 mi

_____

25. 2.713 ml + 8.4 ml

26. 50 lb − 4.6 lb

27. 6.83 km + 10.3 km

28. El pico Boundary en Nevada tiene una altura de 13,000 pies. El
pico Guadalupe en Texas tiene una altura de 8,749 pies. ¿Cuál es
la diferencia de altura entre el pico Boundary y el pico
Guadalupe? Redondea tu respuesta para que coincida con la
medida menos precisa.

_____

29. Mides la superficie de tu jardín y te da 9 yardas de ancho por 11
yardas de largo. Luego tu hermano lo mide y le da $27\frac{1}{2}$ pies de
ancho por $32\frac{3}{4}$ pies de largo. ¿Cuál de las dos mediciones es más
precisa? ¿Por qué?

_____

_____

_____

Práctica 5-1

Escribe una razón para cada situación de tres formas distintas.

1. En Luisiana, hace diez años, las escuelas tenían un promedio de 182 estudiantes por cada 10 maestros.

_____

2. Hace unos años, 41 de cada 250 trabajadores pertenecían a un sindicato.

_____

3. Entre 1899 y 1900, 284 de cada 1,000 estadounidenses tenían de 5 a 17 años de edad.

_____

4. Hace unos años, 7 de cada 10 personas de ascendencia japonesa que vivían en Estados Unidos residían en Hawai o en California.

_____

Usa la siguiente tabla para resolver los ejercicios 5 y 6.

Las clases de séptimo grado de una escuela hicieron una encuesta para decidir si querían que se sirviera pollo o pasta en el banquete de entrega de premios de fin de año.

Número de salón	Pollo	Pasta
201	10	12
202	8	17
203	16	10

5. En el salón 201, ¿cuál es la razón de estudiantes que prefieren pollo con respecto a los que prefieren pasta?

_____

6. Suma los totales de los tres salones. ¿Cuál es la razón del número de estudiantes que prefieren pasta con respecto al número de estudiantes que prefieren pollo?

_____

Escribe cada razón en su mínima expresión.

7. $\frac{2}{6}$ _____

8. $3:21$ _____

9. 16 a 20 _____

10. $\frac{3}{30}$ _____

11. 12 a 18 _____

12. $81:27$ _____

13. $\frac{6}{28}$ _____

14. 49 a 14 _____

15. En una bolsa hay canicas de color verde, amarillo y naranja. La razón de canicas de color verde con respecto a las de color amarillo es de $2:5$. La razón de canicas de color amarillo con respecto a las de color naranja es de $3:4$. ¿Cuál es la razón de canicas de color verde con respecto a las de color naranja?

_____

Práctica 5-2

Escribe la tasa unitaria para cada situación.

1. recorrer 250 mi en 5 h

_____

2. ganar $75.20 en 8 horas

_____

3. leer 80 páginas en 2 h

_____

4. escribir a máquina 8,580 palabras en 2 h 45 min

_____

5. fabricar 2,488 piezas en 8 h

_____

6. 50 ejemplares de un libro repartidos en 2 estantes

_____

7. pagar $30 por 6 libros

_____

8. 24 puntos obtenidos en 3 juegos

_____

Halla el precio unitario. Luego, determina cuál fue la mejor compra.

9. papel: 100 hojas por $.99
      500 hojas por $4.29

_____

_____

10. cacahuates: 1 lb por $1.29
           12 oz por $.95

_____

_____

11. galletitas saladas: 15 oz por $1.79
                  12 oz por $1.49

_____

_____

12. manzanas: 3 lb por $1.89
          5 lb por $2.49

_____

_____

13. lapiceros: 4 por $1.25
        25 por $5.69

_____

_____

14. rosquillas: 4 por $.89
        6 por $1.39

_____

_____

15. a. Yolanda y Yoko corrieron una carrera de 100 yardas. Cuando Yolanda cruzó la línea de meta, Yoko estaba 10 yd detrás de ella. Luego, las niñas volvieron a correr y Yolanda salió desde 10 yardas por detrás de la línea de salida. Si cada niña corrió a la misma velocidad que antes, ¿quién ganó la carrera? ¿Por cuántas yardas de diferencia?

_____

b. Suponiendo que las niñas corran a la misma velocidad que antes, ¿desde cuántas yardas por detrás de la línea de salida tiene que salir Yolanda para que la carrera termine en un empate?

_____

Práctica 5-3

Resolver problemas: Hacer un diagrama y resolver un problema más simple

Para resolver cada problema, haz un diagrama o resuelve un problema más simple.

1. Los ocho miembros del club de ajedrez organizan un torneo en el cual cada jugador juega contra cada uno de los demás. ¿Cuántas partidas se jugarán en el torneo?

   _____

2. En un torneo de fútbol se inscribieron setenta y dos equipos. Los equipos van quedando eliminados en cuanto pierden un partido. ¿Cuántos partidos serán necesarios para determinar quién es el campeón?

   _____

3. Katrina fue a visitar a su tía en tren. A la 1:15 el tren había recorrido 40 millas. A la 1:30 había recorrido otras 20 millas más. Ahora Katrina está a mitad de camino de la casa de su tía. ¿A qué hora llegará al pueblo de su tía, si el tren lleva una velocidad constante?

   _____

4. Los armarios del primer piso de una escuela están numerados del 1 al 130. ¿Cuántos armarios contienen el dígito 5?

   _____

5. Roberto está poniendo una valla en un terreno en forma de cuadrado para que pasten los animales. Ha decidido usar 12 postes para cada lado. ¿Cuántos postes necesitará comprar?

   _____

6. A Humita, el gato de Nicolás, le encanta jugar en las escaleras. Desde abajo de la escalera, Humita saltó 3 escalones hacia arriba y luego 2 hacia abajo. Luego saltó 4 hacia arriba y 2 hacia abajo. En dos saltos más de 3 y 5 escalones cada uno, Humita llegó al escalón más alto. ¿Cuántos escalones tiene la escalera?

   _____

7. ¿En cuántos pedazos puedes cortar una tabla haciendo 15 cortes?

   _____

Práctica 5-4

Determina si la razón de cada par es proporcional.

1. $\frac{12}{16}, \frac{30}{40}$ _____

2. $\frac{8}{12}, \frac{15}{21}$ _____

3. $\frac{27}{21}, \frac{81}{56}$ _____

4. $\frac{45}{24}, \frac{75}{40}$ _____

5. $\frac{5}{9}, \frac{80}{117}$ _____

6. $\frac{15}{25}, \frac{75}{125}$ _____

7. $\frac{2}{14}, \frac{20}{35}$ _____

8. $\frac{9}{6}, \frac{21}{14}$ _____

9. $\frac{24}{15}, \frac{16}{10}$ _____

10. $\frac{3}{4}, \frac{8}{10}$ _____

11. $\frac{20}{4}, \frac{17}{3}$ _____

12. $\frac{25}{6}, \frac{9}{8}$ _____

Decide si cada par de razones es proporcional.

13. $\frac{14}{10} \stackrel{?}{=} \frac{9}{7}$

14. $\frac{18}{8} \stackrel{?}{=} \frac{36}{16}$

_____ _____

15. $\frac{6}{10} \stackrel{?}{=} \frac{15}{25}$

16. $\frac{7}{16} \stackrel{?}{=} \frac{4}{9}$

_____ _____

17. $\frac{6}{4} \stackrel{?}{=} \frac{12}{8}$

18. $\frac{19}{3} \stackrel{?}{=} \frac{114}{8}$

_____ _____

19. $\frac{5}{14} \stackrel{?}{=} \frac{6}{15}$

20. $\frac{6}{27} \stackrel{?}{=} \frac{8}{36}$

_____ _____

21. $\frac{27}{15} \stackrel{?}{=} \frac{45}{25}$

22. $\frac{3}{18} \stackrel{?}{=} \frac{4}{20}$

_____ _____

23. $\frac{5}{2} \stackrel{?}{=} \frac{15}{6}$

24. $\frac{20}{15} \stackrel{?}{=} \frac{4}{3}$

_____ _____

Resuelve.

25. En las pruebas de natación en estilo pecho de los Juegos Olímpicos de 1992, Nelson Diebel nadó 100 metros en 62 segundos y Mike Bowerman nadó 200 metros en 130 segundos. ¿Son proporcionales estas tasas? _____

26. Durante las vacaciones, la familia Vázquez viajó 174 millas en 3 horas el lunes, y 290 millas en 5 horas el martes. ¿Son proporcionales estas tasas? _____

Práctica 5-5

Halla el valor de *n* usando el cálculo mental.

1. $\frac{n}{14} = \frac{20}{35}$ _____

2. $\frac{9}{6} = \frac{21}{n}$ _____

3. $\frac{24}{n} = \frac{16}{10}$ _____

4. $\frac{3}{4} = \frac{n}{10}$ _____

5. $\frac{n}{4} = \frac{17}{3}$ _____

6. $\frac{25}{n} = \frac{9}{8}$ _____

Resuelve cada proporción usando productos cruzados.

7. $\frac{k}{8} = \frac{14}{4}$

   $k =$ _____

8. $\frac{u}{3} = \frac{10}{5}$

   $u =$ _____

9. $\frac{14}{6} = \frac{d}{15}$

   $d =$ _____

10. $\frac{5}{1} = \frac{m}{4}$

    $m =$ _____

11. $\frac{36}{32} = \frac{n}{8}$

    $n =$ _____

12. $\frac{5}{30} = \frac{1}{x}$

    $x =$ _____

13. $\frac{t}{4} = \frac{5}{10}$

    $t =$ _____

14. $\frac{9}{2} = \frac{v}{4}$

    $v =$ _____

15. $\frac{x}{10} = \frac{6}{4}$

    $x =$ _____

16. $\frac{8}{12} = \frac{2}{b}$

    $b =$ _____

17. $\frac{v}{15} = \frac{4}{6}$

    $v =$ _____

18. $\frac{3}{18} = \frac{2}{s}$

    $s =$ _____

Resuelve.

19. Un contratista estima que costará unos $2,400 construir una terraza de acuerdo con las especificaciones del cliente. ¿Cuánto costaría construir 5 terrazas similares?

    _____

20. Según una receta, para preparar 27 panecillos hacen falta 3 tazas de harina. ¿Cuánta harina se necesita para preparar 9 panecillos?

    _____

Para resolver, usa una calculadora, papel y lápiz o el cálculo mental.

21. Mandy corre 4 km en 18 minutos, y piensa participar en una carrera de 15 km. ¿Cuánto tiempo le llevará la carrera?

    _____

22. El nuevo carro de Ken recorre 26 millas con un solo galón de gasolina. En el tanque de gasolina del carro caben 14 galones. ¿Qué distancia podrá recorrer con el tanque lleno?

    _____

23. Eleanor puede coser dos faldas en 15 días. ¿Cuánto tiempo le llevará coser ocho faldas?

    _____

24. Se necesitan tres huevos para preparar dos docenas de bollos. ¿Cuántos huevos se necesitan para preparar 12 docenas?

    _____

Práctica 5-6

$\triangle MNO \sim \triangle JKL$. **Completa cada enunciado.**

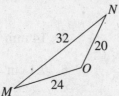

1. $\angle M$ corresponde a _____.

2. $\angle L$ corresponde a _____.

3. $\overline{ON}$ corresponde a _____.

4. $\angle K$ corresponde a _____.

5. $\overline{JL}$ corresponde a _____.

6. $\overline{MN}$ corresponde a _____.

7. ¿Cuál es la razón de las longitudes de los lados correspondientes? _____

Los siguientes pares de figuras son semejantes. Calcula el valor de cada variable.

8.
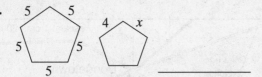
_____

9.
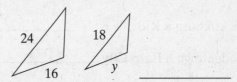
_____

10.
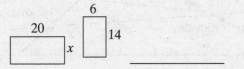
_____

11.
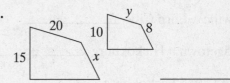
_____

12.
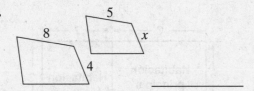
_____

13.
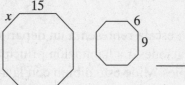
_____

14. En un día soleado, si una vara de 36 pulgadas proyecta una sombra de 21 pulgadas, ¿cuál es la altura de un edificio cuya sombra es de 168 pies?

_____

15. Oregón mide aproximadamente 400 millas de este a oeste y 300 millas de norte a sur. Si un mapa de Oregón mide 15 pulgadas de alto (de norte a sur), ¿cuál es el ancho del mapa?

_____

Práctica 5-7

Mapas y dibujos a escala

La escala de un mapa es 2 cm : 21 km. Calcula las distancias reales representadas en el mapa.

1. 9 cm _____ **2.** 12.5 cm _____ **3.** 14 mm _____

4. 3.6 m _____ **5.** 4.5 cm _____ **6.** 7.1 cm _____

7. 7.18 cm _____ **8.** 25 cm _____ **9.** 1 cm _____

Un dibujo tiene una escala de $\frac{1}{4}$ de pulgada : 12 pies. Calcula la longitud que tendrá en el dibujo cada longitud real.

10. 8 pies _____ **11.** 30 pies _____ **12.** 15 pies _____ **13.** 56 pies _____

14. 18 pies _____ **15.** 20 pies _____ **16.** 40 pies _____ **17.** 80 pies _____

Con ayuda de una regla, calcula la distancia aproximada entre estos pueblos.

18. de Hickokburg a Kidville _____

19. de Dodgetown a Earp City _____

20. de Dodgetown a Kidville _____

21. de Kidville a Earp City _____

22. de Dodgetown a Hickokburg _____

23. de Earp City a Hickokburg _____

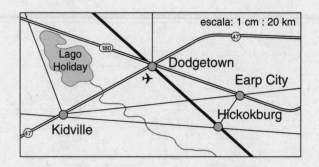

Resuelve.

24. Este dibujo a escala representa un departamento de dos habitaciones. La habitación principal mide 9 pies × 12 pies. Mide este dibujo con la ayuda de una regla dividida en pulgadas.

a. La escala es _____.

b. Escribe en el dibujo las dimensiones reales.

Práctica 6-1

Sombrea cada cuadrícula para que represente los siguientes porcentajes.

1. 53%

2. 23%

3. 71%

Escribe cada razón en forma de porcentaje.

4. $\frac{4}{5}$ _____

5. $\frac{3}{5}$ _____

6. $\frac{9}{10}$ _____

7. $\frac{3}{10}$ _____

8. $\frac{6}{25}$ _____

9. $\frac{7}{100}$ _____

10. $\frac{9}{50}$ _____

11. $\frac{9}{25}$ _____

12. $\frac{2}{5}$ _____

13. $\frac{7}{10}$ _____

14. $\frac{4}{25}$ _____

15. $\frac{16}{25}$ _____

16. $\frac{11}{20}$ _____

17. $\frac{19}{20}$ _____

18. $\frac{27}{50}$ _____

19. $41 : 50$ _____

Escribe un porcentaje para cada figura sombreada.

20.

21.

22.

Completa.

Los antiguos egipcios no escribían la fracción $\frac{4}{5}$ como "$\frac{4}{5}$". En lugar de esto, recurrían a las *unidades fraccionarias*. El numerador de una unidad fraccionaria siempre es 1. Los denominadores de las fracciones utilizadas para representar otra fracción tienen que ser todos distintos. Por esta razón, los egipcios habrían escrito $\frac{4}{5}$ como $\frac{1}{2} + \frac{1}{5} + \frac{1}{10}$ y no como $\frac{1}{2} + \frac{1}{10} + \frac{1}{10} + \frac{1}{10}$. Escribe las siguientes fracciones como una suma de unidades fraccionarias.

23. $\frac{3}{4}$ _____

24. $\frac{5}{8}$ _____

25. $\frac{9}{10}$ _____

26. $\frac{7}{12}$ _____

27. $\frac{11}{12}$ _____

28. $\frac{11}{15}$ _____

Práctica 6-2

Porcentajes, fracciones y decimales

Escribe cada porcentaje como fracción en su mínima expresión y como decimal.

1. 65% _____

2. 37.5% _____

3. 80% _____

4. 25% _____

5. 18% _____

6. 46% _____

7. 87% _____

8. 8% _____

9. 43% _____

10. 55% _____

11. 94% _____

12. 36% _____

Escribe cada número en forma de porcentaje. Redondea a la décima más cercana cuando sea necesario.

13. $\frac{7}{10}$ _____

14. 0.635 _____

15. 0.037 _____

16. $\frac{8}{15}$ _____

17. $\frac{7}{50}$ _____

18. 0.56 _____

19. 0.0413 _____

20. $\frac{3}{8}$ _____

21. $\frac{7}{12}$ _____

22. 0.387 _____

23. 0.283 _____

24. $\frac{2}{9}$ _____

Escribe cada número en forma de porcentaje. Escribe el número en el crucigrama sin usar el signo de porcentaje ni el punto decimal.

25.

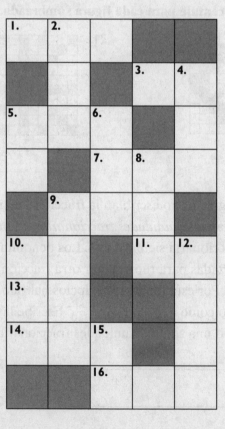

Horizontales	**Verticales**
1. 0.134	2. 0.346
3. $\frac{53}{100}$	4. 0.324
5. 0.565	5. $\frac{1}{2}$
7. $1\frac{7}{50}$	6. 0.515
9. 0.456	8. $\frac{33}{200}$
10. 0.63	9. 0.4385
11. $\frac{11}{200}$	10. $\frac{659}{1,000}$
13. 0.58	12. $\frac{1,087}{20,000}$
14. $\frac{191}{200}$	15. $\frac{14}{25}$
16. 0.605	

Práctica 6-3

Porcentajes mayores que 100 o menores que 1

Clasifica las siguientes expresiones como: (A) menor que 1%, (B) mayor que 100% o (C) entre 1% y 100%.

1. $\frac{1}{2}$ _____ **2.** $\frac{4}{3}$ _____ **3.** $\frac{2}{300}$ _____ **4.** $\frac{3}{10}$ _____

5. 10.8 _____ **6.** 0.7 _____ **7.** 1.4 _____ **8.** 0.06 _____

9. 1.03 _____ **10.** 0.009 _____ **11.** 0.635 _____ **12.** 0.0053 _____

Compara. Usa > , < ó =.

13. $\frac{1}{4}$ ☐ 20% **14.** $\frac{1}{2}$% ☐ 50 **15.** 0.008 ☐ 8% **16.** 35% ☐ $\frac{3}{8}$

17. 150% ☐ $\frac{5}{4}$ **18.** 3 ☐ 300% **19.** $\frac{7}{250}$ ☐ 0.3% **20.** 650% ☐ 7

Escribe cada fracción o decimal en forma de porcentaje. Redondea a la décima más cercana cuando sea necesario.

21. $\frac{7}{5}$ _____ **22.** $\frac{137}{100}$ _____ **23.** $\frac{0.8}{100}$ _____

24. $\frac{21}{4}$ _____ **25.** $\frac{17}{10}$ _____ **26.** $\frac{65}{40}$ _____

27. $\frac{37}{20}$ _____ **28.** $\frac{7}{500}$ _____ **29.** $\frac{9}{8}$ _____

Escribe cada decimal en forma de porcentaje.

30. 0.003 _____ **31.** 1.8 _____ **32.** 0.0025 _____

33. 5.3 _____ **34.** 0.0041 _____ **35.** 0.083 _____

36. 0.0009 _____ **37.** 0.83 _____ **38.** 20 _____

Escribe cada porcentaje como decimal y como fracción en su mínima expresión.

39. 175% _____ **40.** 120% _____ **41.** $\frac{2}{5}$% _____

42. $\frac{5}{8}$% _____ **43.** 750% _____ **44.** $8\frac{1}{4}$% _____

45. En 1990, la población de Kansas era de 2,477,574, lo que incluía a 21,965 indígenas norteamericanos. ¿Qué porcentaje de la gente que vivía en Kansas era de origen indígena norteamericano?

_____

46. La masa de la Tierra es $\frac{1}{318}$ de la masa de Júpiter. ¿Qué porcentaje representa esta cifra?

_____

Práctica 6-4

Calcula.

1. 20% de 560

2. 42% de 200

3. 9% de 50

4. 40% de 70

5. 25% de 80

6. 50% de 80

7. 40% de 200

8. 5% de 80

9. 75% de 200

Halla cada respuesta usando el cálculo mental.

10. 14% de 120

11. 30% de 180

12. 62.5% de 24

13. 34% de 50

14. 25% de 240

15. 85.5% de 23

16. 120% de 56

17. 80% de 90

18. 42% de 120

Resuelve.

19. Un granjero recogió en su campo una sandía que pesaba 20 libras.
Según su experiencia, calculó que el 95% de la sandía era agua.

a. ¿Qué parte de la sandía es agua? _____

b. ¿Qué parte de la sandía no es agua? _____

c. La sandía se envió al mercado, donde terminó por
deshidratarse (perdió agua). Si la sandía aún tiene
un 90% de agua, ¿qué porcentaje de ella no es agua? _____

d. La parte sólida de la sandía sigue pesando lo mismo.
¿Cuánto pesa la sandía ahora? _____

20. Una bicicleta se vende al 75% de su precio original de $160.
¿Cuánto cuesta ahora?

Práctica 6-5

Resolver problemas con porcentajes mediante proporciones

Usa una proporción para resolver lo siguiente.

1. 48 es el 60% ¿de qué número? _____

2. ¿Cuánto es el 175% de 85? _____

3. ¿Qué porcentaje de 90 representa el número 50? _____

4. 76 es el 80% ¿de qué número? _____

5. ¿Cuánto es el 50% de 42.88? _____

6. 96 es el 160% ¿de qué número? _____

7. ¿Qué porcentaje de 24 representa el número 72? _____

8. ¿Cuánto es el 85% de 120? _____

9. ¿Cuánto es el 80% de 12? _____

10. 56 es el 75% ¿de qué número? _____

11. ¿Qué porcentaje de 80 representa el número 50? _____

12. ¿Qué porcentaje de 200 representa el número 85? _____

Resuelve.

13. El precio rebajado de una bicicleta es de $120. Esto representa el 75% del precio original. Calcula el precio original.

_____

14. A una reunión familiar acudieron 160 personas. Esto representó el 125% de las que fueron el año pasado. ¿Cuánta gente acudió a la reunión el año pasado?

_____

15. Una empresa tiene 875 empleados. Los miércoles, la cafetería de la empresa rebaja todos los precios, y el 64% de los empleados almuerzan allí. ¿Cuántos empleados almuerzan los miércoles en la cafetería?

_____

16. Una pequeña universidad tiene 1,295 estudiantes, de los cuales 714 son mujeres. ¿Qué porcentaje de los estudiantes son mujeres?

_____

Práctica 6-6

Resolver problemas con porcentajes mediante ecuaciones

Escribe y resuelve una ecuación para cada caso. Redondea las
respuestas a la décima más cercana.

1. ¿Qué porcentaje de 64 representa el número 48? _____

2. ¿Cuánto es el 16% de 130? _____

3. 24 es el 25% ¿de qué número? _____

4. ¿Qué porcentaje de 18 representa el número 12? _____

5. ¿Cuánto es el 48% de 83? _____

6. 136 es el 40% ¿de qué número? _____

7. ¿Qué porcentaje de 530 representa el número 107? _____

8. ¿Cuánto es el 74% de 643? _____

9. 84 es el 62% ¿de qué número? _____

10. ¿Qué porcentaje de 84 representa el número 50? _____

11. ¿Cuánto es el 37% de 245? _____

12. 105 es el 12% ¿de qué número? _____

13. ¿Qué porcentaje de 42 representa el número 7.5? _____

14. ¿Cuánto es el 98% de 880? _____

15. 63 es el 7% ¿de qué número? _____

16. ¿Qué porcentaje de 95 representa el número 74? _____

Resuelve.

17. Una cafetería ofrece a las personas de la tercera edad un 15% de
descuento en su precio habitual de $8.95 para el buffet de la cena.

   a. ¿Qué porcentaje del precio habitual representa el precio que
   se les cobra a estas personas? _____

   b. ¿Cuál es el precio que pagan las personas de la tercera edad? _____

18. En 1990, el 12.5% de la población de Oregón no tenía seguro
médico. Si la población era de 2,880,000, ¿cuánta gente no tenía
seguro médico?

   _____

Práctica 6-7

Calcula cada pago.

1. $17.50 con un impuesto de venta del 7%

2. $21.95 con un impuesto de venta del 4.25%

3. $52.25 con un impuesto de venta del 8%

4. $206.88 con un impuesto de venta del 5.75%

5. El precio de un par de zapatos es de $85.99 sin tener en cuenta el impuesto de venta. El impuesto es del 7.5%. Calcula el costo total de los zapatos.

Calcula una propina del 15% para cada importe.

6. $12.68

7. $18.25

8. $15.00

Calcula el total del pago dados el precio y los porcentajes del impuesto y de la propina.

9. $28.60, 6.5% de impuesto, 15% de propina

10. $85.24, 5% de impuesto, 20% de propina

Calcula cada comisión.

11. 2% de $1,500 en ventas

12. 8% de $80,000 en ventas

13. 5% de $600 en ventas

14. 12% de $3,200 en ventas

Calcula el ingreso total dados el sueldo, el porcentaje de la comisión y el total de las ventas.

15. $1,000 más el 6% de $2,000 en ventas

16. $500 más el 10% de $1,400 en ventas

Práctica 6-8

Hallar el porcentaje de cambio

Calcula cada porcentaje de cambio. Indica si el cambio representa un aumento o una reducción.

1. Un abrigo de $50 se vende rebajado por $35.

   _____

2. Mayelle gana $18,000 al año. Después de un aumento, pasa a cobrar $19,500.

   _____

3. El año pasado Anthony ganó $24,000. Luego de un breve período de desempleo, sus ingresos de este año fueron de $18,500.

   _____

4. Las pérdidas ocasionadas por los incendios en 1981 fueron de aproximadamente $1.1 millones. En 1988, la pérdida fue de cerca de $9.6 millones.

   _____

5. Hace unos años, ciertas universidades recibían unos subsidios de aproximadamente $268 millones. Diez años más tarde, recibieron $94 millones.

   _____

6. Un abrigo que cuesta normalmente $125 se vende rebajado por $75.

   _____

7. Supón que en una entrevista de trabajo te ofrecen aumentarte el sueldo en un 10% al final de cada uno de los tres primeros años en la empresa. ¿Cuánto habrá cambiado tu sueldo al finalizar el tercer año?

   _____

8. Hace cuatro años había 35 estudiantes en la banda de música de la escuela. Desde entonces se han incorporado 12 estudiantes más.

   _____

9. Completa la tabla.

Número de inscripciones en las escuelas de la ciudad de 1995 a 2000

Año	Inscripciones	Cambio con respecto al año pasado (número de estudiantes)	Cambio con respecto al año pasado (%)	Aumento o reducción
1995	18,500	—	—	—
1996	19,300			
1997	19,700			
1998	19,500			
1999	19,870			
2000	19,200			

Práctica 6-9

Resolver problemas: Escribir una ecuación

Escribe una ecuación para resolver cada problema. Verifica las respuestas repasando el enunciado del problema.

1. En una tienda de mascotas, el número de perros es 12 veces mayor que tres veces el número de gatos. Si hay 21 perros en la tienda, ¿cuántos gatos hay?

   _____

2. En la tienda de mascotas, el número de pájaros es 10 veces menor que dos veces el número de conejos. Si hay 56 pájaros en la tienda, ¿cuántos conejos hay?

   _____

3. Una sudadera cuesta 12 veces más que una camisa. Las dos juntas cuestan $46. ¿Cuál es el precio de la camisa?

   _____

4. El perímetro de un rectángulo es de 84 cm. Mide el doble de largo que de ancho. Calcula la longitud y el ancho.

   _____

5. Mark y Melinda coleccionan gorras de béisbol. Mark tiene 7 más que Melinda. Juntos tienen 115 gorras. ¿Cuántas gorras tiene cada uno?

   _____

Usa cualquier estrategia para resolver cada problema. Muestra tu trabajo.

6. Para recaudar dinero para la banda de música, Lydia vendió $\frac{4}{5}$ de sus velas. Le quedan 8 velas. ¿Cuántas velas tenía al principio?

   _____

7. Un monedero contiene varias monedas de 25, de 10 y de 5 centavos. Hay la misma cantidad de monedas de 10 y 5 centavos, y la mitad de monedas de 25 que de monedas de 10 centavos. El valor total de las monedas es de $1.65. ¿Cuántas monedas de cada tipo hay en el monedero?

   _____

8. Dos números suman 20. El número mayor es 4 más que el número menor. ¿Cuáles son los dos números?

   _____

9. Un taller mecánico le cobró $48 al Sr. Tilton por la reparación de su carro por repuestos y $36 por hora de trabajo. ¿Cuántas horas trabajó el taller en el carro si el importe total de la factura fue de $156?

Práctica 7-1

Escribe la palabra que describe las siguientes rectas o segmentos de recta.

1. las cuerdas de una guitarra _____

2. las marcas que deja un trineo _____

3. las aceras a ambos lados de una calle _____

4. los segmentos que forman un signo + _____

5. los cables suspendidos entre postes telefónicos _____

6. las manecillas de un reloj a las 9:00 p.m. _____

7. los troncos de los árboles de un bosque _____

Usa el siguiente diagrama para resolver los ejercicios 8 a 12.

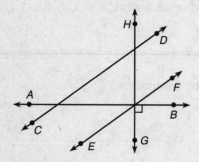

8. Indica un par de rectas paralelas. _____

9. Indica un par de rectas perpendiculares. _____

10. Indica un segmento. _____

11. Indica tres puntos. _____

12. Indica dos rayos. _____

13. Indica un par de rectas que se intersecan. _____

Traza cada figura con una regla.

14. Traza una recta paralela a $\overline{UV}$ con la ayuda de una regla.

15. Traza una recta perpendicular a $\overline{XY}$ con la ayuda de una regla y un transportador.

Nombre _____ Clase _____ Fecha _____

Práctica 7-2

Halla la medida de cada ángulo. Luego, clasifica el ángulo.

1.

2.

3.

_____   _____   _____

Clasifica cada ángulo como _agudo, recto, obtuso_ o _llano_.

4. $m\angle A = 180°$ **5.** $m\angle B = 43°$ **6.** $m\angle C = 127°$ **7.** $m\angle D = 90°$

_____   _____   _____   _____

Fíjate en la figura de la derecha para nombrar lo siguiente.

8. cuatro rectas _____

9. tres segmentos _____

10. un par de ángulos congruentes _____

11. cuatro ángulos rectos

12. dos pares de ángulos verticales obtusos

_____   _____

13. dos pares de ángulos suplementarios adyacentes

14. dos pares de ángulos complementarios

_____   _____

15. Mide con un transportador $m\angle A$, $m\angle B$, $m\angle C$ y $m\angle D$.

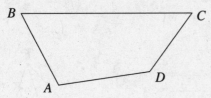

_____

_____

_____

_____

16. Con un transportador, dibuja dos ángulos verticales. Uno de los ángulos mide 45°.

17. Dibuja en esta tabla de puntos dos ángulos suplementarios, uno de los cuales mide 45°. _No_ utilices el transportador.

Práctica 7-3

Trazar bisectrices y mediatrices

Traza la mediatriz de cada segmento.

1.

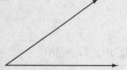

2.

Traza la bisectriz de cada ángulo.

3.

4.

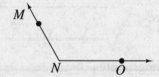

Traza cada ángulo o segmento.

5. Dibuja un segmento que mida $\frac{3}{4}$ de $\overline{AB}$.

6. Dibuja un ángulo que mida $\frac{1}{4}$ de $\angle MNO$.

7. Dibuja un ángulo obtuso $\angle RST$. Luego, traza y nombra su bisectriz $\overrightarrow{SV}$.

8. Dibuja un ángulo agudo $\angle MAT$. Luego, traza y nombra su bisectriz $\overrightarrow{AH}$.

El punto D es el punto medio de $\overline{BC}$. Completa.

9. $BC = 10$ pulg, $CD =$ _____

10. $DC = 9$ mm, $BD =$ _____

11. $BD = 2$ cm, $BC =$ _____

12. $BC = 12$ yd, $DC =$ _____

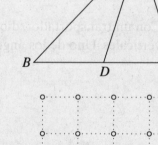

13. Cada cuadrado representa un acre de una granja. Dibuja 11 secciones de valla siguiendo las líneas de puntos de manera que se formen cuatro campos de cuatro acres de terreno cada uno.

Práctica 7-4

Triángulos

Halla el valor de *x* en cada triángulo.

1.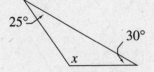

_____

2.

_____

3.

_____

4.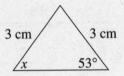

_____

5.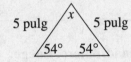

_____

6.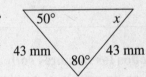

_____

Clasifica cada triángulo.

7. Dos de sus ángulos miden 45°.

_____

8. Dos ángulos miden 15° y 47°.

_____

9. Dos ángulos miden 53° y 76°.

_____

10. Un ángulo mide 18°.

_____

11. Un ángulo mide 90°.

_____

12. Un ángulo mide 115°.

_____

13. Los ángulos de un triángulo miden 40°, 50° y 90°.

a. Clasifica el triángulo según sus ángulos. _____

b. ¿Puede el triángulo ser equilátero? ¿Por qué? _____

c. ¿Puede el triángulo ser isósceles? ¿Por qué? _____

d. ¿Puedes clasificar el triángulo según sus lados? ¿Por qué?

_____

Práctica 7-5

Cuadriláteros y otros polígonos

Identifica cada polígono y clasifícalo como *regular* o *irregular*.

1.

2.

3.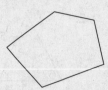

4.

_____ _____ _____ _____

_____ _____ _____ _____

Indica todos los nombres correctos de cada cuadrilátero. Luego, encierra en un círculo el nombre más apropiado.

5.

6.

7.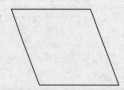

8.

_____ _____ _____ _____

_____ _____ _____ _____

_____ _____ _____ _____

Dibuja cada cuadrilátero en papel punteado.

9. un rectángulo que no es un cuadrado

10. un rombo con dos ángulos rectos

11. un trapecio sin ángulos rectos

12. Dibuja un par de cuadriláteros. Los ángulos del primer
    cuadrilátero deben ser congruentes con los ángulos del segundo
    cuadrilátero. Ningún lado de los cuadriláteros debe ser
    congruente con ningún lado del otro cuadrilátero.

Práctica 7-6

Resolver problemas: Hacer un diagrama y buscar un patrón

Haz un diagrama para resolver cada problema.

1. Un ángulo de un triángulo isósceles mide 56°. ¿Cuánto miden los otros dos ángulos?

_____

2. Los ocho miembros del club de ping pong juegan un torneo en que cada jugador juega una partida contra cada uno de los otros jugadores. ¿De cuántas partidas consta el torneo?

_____

3. Tomaste un tren para visitar a tu primo. A las 10:15 el tren había recorrido 20 millas. A las 10:30 había recorrido otras 10 millas más. Estás ahora a mitad de camino del pueblo de tu primo. ¿A qué hora llegarás, si el tren viaja a una velocidad constante?

_____

4. Un gato juega en una escalera. Desde abajo de la escalera, el gato salta 4 escalones y luego baja 2. Desde allí salta 5 escalones y cae 3. En otros dos saltos, uno de 4 escalones y otro de 2 escalones, el gato llega arriba de la escalera. ¿Cuántos escalones tiene la escalera?

_____

Usa cualquier estrategia para resolver cada problema. Muestra tu trabajo.

5. Carla es cinco años mayor que su hermana Julie. El producto de sus dos edades es 234. ¿Qué edad tiene Julie?

_____

6. Tu maestra compró lápices para la clase. Todos los lápices cuestan lo mismo. Compró tantos lápices como centavos le costó cada lápiz. Gastó en total $56.25. ¿Cuántos lápices compró?

_____

7. Si se mantiene el patrón de la derecha, ¿cuántos puntos tendrá la quinta figura?

_____

1 punto   5 puntos   12 puntos

8. Frank, Bill y Pam pidieron cada uno una ensalada en un restaurante. Pidieron una ensalada de espinacas, una ensalada del chef y una ensalada de atún. Bill no pidió la ensalada de espinacas. Pam se sentó a la derecha de quien pidió ensalada de espinacas, y a la izquierda de quien pidió la ensalada del chef. ¿Quién pidió cada ensalada?

Práctica 7-7 ....

¿Son congruentes o no congruentes estas figuras? Explica por qué.

1.
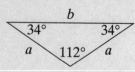

2.
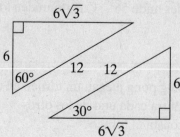

3.
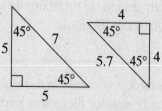

_____   _____   _____

_____   _____   _____

_____   _____   _____

_____   _____   _____

Completa cada enunciado de congruencia.

4. $\triangle ABC \cong$ _____

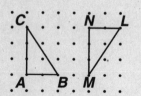

5. $\triangle ABC \cong$ _____

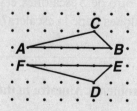

6. $\triangle ABC \cong$ _____

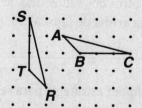

Escribe seis congruencias respecto a los lados y ángulos correspondientes de cada par de triángulos.

7. $\triangle ABC \cong \triangle DEF$

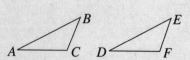

8. $\triangle JKL \cong \triangle MNO$

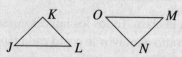

9. $\triangle TUV \cong \triangle WXY$

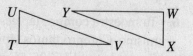

_____   _____   _____

_____   _____   _____

_____   _____   _____

Observa el diagrama de la derecha y completa lo siguiente.

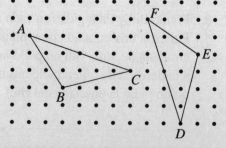

10. a. $\angle ABC \cong$ _____

b. $\overline{AB} \cong$ _____

c. $\angle F \cong$ _____

11. a. $\triangle ABC \cong$ _____

b. $\triangle BAC \cong$ _____

c. $\triangle CAB \cong$ _____

Práctica 7-8

Nombra cada uno de los siguientes elementos del círculo O.

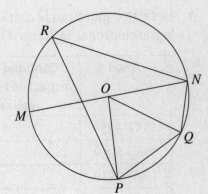

1. dos cuerdas

_____

2. tres radios

_____

3. un diámetro

_____

4. un ángulo central

_____

5. un semicírculo

_____

6. dos arcos

_____

7. la cuerda más larga

_____

8. la cuerda más corta

_____

Nombra todos los arcos indicados del círculo Q.

9. todos los arcos más cortos que un semicírculo _____

10. todos los arcos más largos que un semicírculo _____

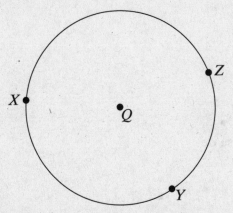

11. Con un compás, traza y nombra un círculo Q. Nombra un
semicírculo $\overset{\frown}{ABC}$ y un arco $\overset{\frown}{AX}$.

Práctica 7-9

Usa la información contenida en cada tabla para crear una gráfica circular.

1. Los datos muestran la cantidad total de vehículos espaciales que lograron orbitar la Tierra o traspasar su órbita.

Años	Cantidad de lanzamientos espaciales de Estados Unidos realizados con éxito
1957–1959	15
1960–1969	470
1970–1979	258
1980–1989	153
1990–1995	146

2. Los datos representan el porcentaje de escuelas privadas de Estados Unidos que cobran una matrícula anual en cada uno de los rangos indicados.

Matrícula anual	% de escuelas privadas
Menos de $500	13
$500–$1,000	28
$1,001–$1,500	26
$1,501–$2,500	15
Más de $2,500	18

3. Los datos representan una encuesta realizada en una clase de séptimo grado.

Color favorito de auto	Número de estudiantes de séptimo grado
Rojo	14
Azul	9
Blanco	3
Verde	1

a. ¿A qué porcentaje de estudiantes le gustan los autos azules? _____

b. ¿A qué porcentaje de estudiantes le gustan los autos verdes? _____

c. ¿A qué porcentaje de estudiantes le gustan los autos rojos *o* azules? _____

d. ¿A qué porcentaje de estudiantes le gustan los autos de un color *que no sea* blanco? _____

Práctica 8-1

Estima la longitud en pulgadas de estos segmentos de rectos.

1. ←—————————————→

   _____

2. ←————————————————————————————————————→

   _____

Estima la longitud en centímetros de estas rectas.

3. —————————————————————————

   _____

4. ├————————————————————————┤

   _____

Elige una estimación razonable. Explica tu elección.

5. altura de la cabina de un camión: 12 pulg o 12 pies   _____

6. ancho de un libro: 8 pulg u 8 pies   _____

7. diámetro de una pizza: 8 pulg u 8 pies   _____

8. profundidad de una bañera: 2 pies o 2 yd   _____

Supón que cada cuadrado de las cuadrículas siguientes mida 1 cm por 1 cm. Estima el área de cada figura.

9. 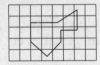   10.    11. 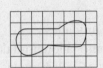   12.

_____   _____   _____   _____

Escoge de la lista la unidad métrica de medida que usarías para estimar la longitud o área dada.

13. la altura de un árbol:
    mm, cm, m, km   _____

14. el perímetro de la portada de un libro:
    pulg , pie, yd, mi   _____

15. el área de un océano:
    pie^2, yd^2, $pulg^2$, mi^2 _____

Nombre _____ Clase _____ Fecha _____

Práctica 8-2

Calcula el área de cada paralelogramo y triángulo.

1.
4 m
4 m

2.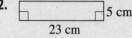
5 cm
23 cm

3.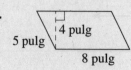
4 pulg
5 pulg
8 pulg

4.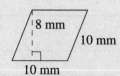
8 mm
10 mm
10 mm

_____ _____ _____ _____

5.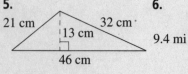
21 cm   32 cm
13 cm
46 cm

6.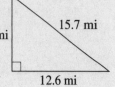
15.7 mi
9.4 mi
12.6 mi

7.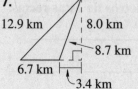
12.9 km   8.0 km
8.7 km
6.7 km
3.4 km

8.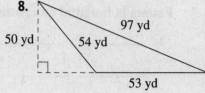
97 yd
50 yd   54 yd
53 yd

_____ _____ _____ _____

Calcula el área de cada figura.

9. rectángulo: $l = 16$ mm, $a = 12$ mm

_____

10. triángulo: $b = 23$ km, $h = 14$ km

_____

11. cuadrado: $a = 27$ pies

_____

12. rectángulo: $l = 65$ mi, $a = 48$ mi

_____

13. triángulo: $b = 19$ pulg, $h = 15$ pulg

_____

14. cuadrado: $a = 42$ m

_____

Resuelve.

15. El área de un triángulo es 6 unidades cuadradas. Tanto la altura como la longitud de la base son números enteros. ¿Cuáles son las alturas y longitudes posibles del triángulo?

_____

16. El perímetro de un rectángulo es 72 m. El ancho del rectángulo es 16 m. ¿Cuál es el área del rectángulo?

_____

17. El área de un rectángulo es 288 yd^2. El perímetro es 68 yardas. Si duplicas la longitud y el ancho, ¿cuáles serán el área y el perímetro del nuevo rectángulo?

_____

18. Si tienes una valla de 36 pies, ¿cuáles son las áreas de los diferentes rectángulos que podrías encerrar dentro de la valla? Utiliza sólo dimensiones en números enteros.

_____

Práctica 8-3

Áreas de otras figuras

Calcula el área de cada trapecio.

1.
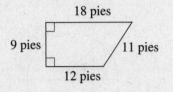
18 pies
9 pies
11 pies
12 pies
_____

2.
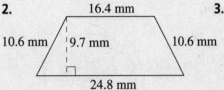
16.4 mm
10.6 mm 9.7 mm 10.6 mm
24.8 mm
_____

3.
12 pulg
15 pulg 17 pulg
20 pulg
_____

4.
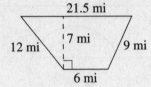
21.5 mi
12 mi 7 mi 9 mi
6 mi
_____

5.
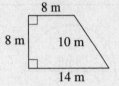
8 m
8 m 10 m
14 m
_____

6.
18 pulg
17 pulg 12 pulg
6 pulg
_____

Calcula el área de cada figura irregular.

7.
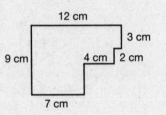
6 pies 18 pies
26 pies 39 pies
29 pies
_____

8.
13 km
9 km 17 km
20 km
_____

9.
19 yd
23 yd 30 yd
37 yd
_____

10.
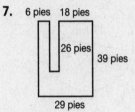
12 cm
3 cm
9 cm 4 cm 2 cm
7 cm
_____

11.
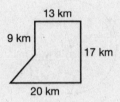
3 pulg
7 pulg
19 pulg 13 pulg
20 pulg
_____

12.
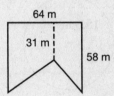
64 m
31 m 58 m
_____

Resuelve.

13. La bandera de Suiza es una cruz blanca sobre un fondo rojo.

a. Cada uno de los 12 lados de la cruz tiene una longitud
de 15 cm. Calcula el área de la cruz blanca. _____

b. La bandera mide 60 cm por 60 cm. Calcula
el área de la parte roja.

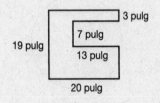

14. Un trapecio tiene un área de 4 unidades cuadradas, y una
altura de 1 unidad. ¿Cuáles son las posibles longitudes en
números enteros de las bases? _____

Práctica 8-4

Circunferencias y áreas de círculos

Calcula la circunferencia y el área de cada círculo. Redondea tu respuesta a la décima más cercana.

1.
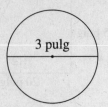
3 pulg

_____

2.
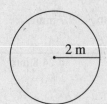
2 m

_____

3.
7 pies

_____

4.
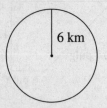
6 km

_____

5.
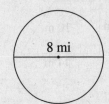
8 mi

_____

6.

15 pulg

_____

7.
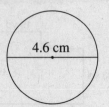
4.6 cm

_____

8.
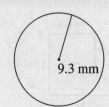
9.3 mm

_____

9.

47 km

_____

10.
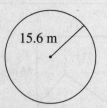
15.6 m

_____

11.

17 yd

_____

12.
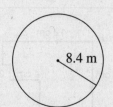
8.4 m

_____

Estima el radio de cada círculo según la circunferencia dada. Redondea tu respuesta a la décima más cercana.

13. 80 km   14. 92 pies   15. 420 pulg   16. 700 km

_____   _____   _____   _____

17. El radio del círculo mayor mide 8 pulg. El radio de los círculos más pequeños mide 1 pulgada. Halla el área de la zona sombreada redondeando a la unidad más cercana.

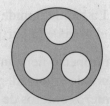

_____

Práctica 8-5

Raíces cuadradas y números irracionales

Simplifica cada raíz cuadrada.

1. $\sqrt{64}$ _____

2. $\sqrt{81}$ _____

3. $\sqrt{100}$ _____

4. $\sqrt{144}$ _____

5. $\sqrt{121}$ _____

6. $\sqrt{1}$ _____

7. $\sqrt{36}$ _____

8. $\sqrt{169}$ _____

9. $\sqrt{25}$ _____

10. $\sqrt{16}$ _____

11. $\sqrt{256}$ _____

12. $\sqrt{9}$ _____

13. $\sqrt{196}$ _____

14. $\sqrt{49}$ _____

15. $\sqrt{225}$ _____

16. $\sqrt{4}$ _____

Identifica cada número como racional o irracional.

17. $0.363636\ldots$

18. $\sqrt{10}$

19. $-\frac{1}{9}$

20. -3.25

_____   _____   _____   _____

Para cada número, escribe todos los conjuntos a los que pertenece.
Escoge entre número racional, número irracional y número entero.

21. $\frac{3}{8}$

22. $\sqrt{49}$

23. $\sqrt{98}$

24. 0

_____   _____   _____   _____

Halla la longitud del lado de un cuadrado que tenga el área dada.

25. 64 km^2

26. 81 m^2

27. 121 pies^2

28. 4 mi^2

_____   _____   _____   _____

29. 225 pulg^2

30. 196 yd^2

31. 169 cm^2

32. 144 mm^2

_____   _____   _____   _____

Resuelve.

33. El cuadrado de cierto número
    es igual al triple de dicho número.
    ¿De qué número se trata?

34. El área de un jardín cuadrado es 196 yd^2.
    ¿Cuál es el perímetro del jardín?

_____   _____

Halla los dos números enteros consecutivos entre los cuales se
encuentra cada uno de los siguientes números.

35. $\sqrt{80}$

36. $\sqrt{56}$

37. $\sqrt{130}$

38. $\sqrt{150}$

_____   _____   _____   _____

39. $\sqrt{70}$

40. $\sqrt{190}$

41. $\sqrt{204}$

42. $\sqrt{159}$

_____   _____   _____   _____

Práctica 8-6

Observa las longitudes dadas para dos lados de un triángulo rectángulo. Halla la longitud del tercer lado redondeando a la décima más cercana.

1. catetos: 5 pies y 12 pies

_____

2. catetos: 13 cm y 9 cm

_____

3. cateto: 7 m; hipotenusa: 14 m

_____

4. catetos: 17 pies y 6 pies

_____

5. catetos: 11 cm y 21 cm

_____

6. cateto: 15 m; hipotenusa: 20 m

_____

Halla la longitud que falta. Redondea a la décima más cercana si es necesario.

7.
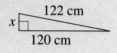
122 cm, x, 120 cm

_____

8.
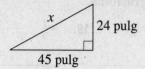
x, 24 pulg, 45 pulg

_____

9.
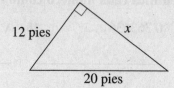
12 pies, x, 20 pies

_____

10.
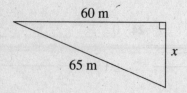
60 m, 65 m, x

_____

11.
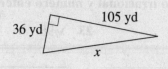
36 yd, 105 yd, x

_____

12.
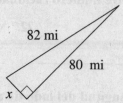
82 mi, 80 mi, x

_____

13.
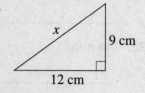
x, 9 cm, 12 cm

_____

14.
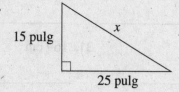
15 pulg, x, 25 pulg

_____

15.
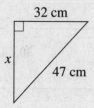
32 cm, x, 47 cm

_____

16.

16 m, x, 28 m

_____

17.
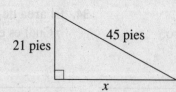
45 pies, 21 pies, x

_____

18.
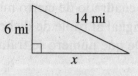
14 mi, 6 mi, x

_____

Resuelve.

19. Un patio de juegos mide 50 yd por 50 yd. Amy recorrió el patio de una esquina a la esquina opuesta. ¿Qué distancia recorrió?

_____

20. Un camión de bomberos tiene una escalera de 70 pies montada a 10 pies del suelo. La base de la escalera está a 40 pies de la pared de un edificio. El extremo superior de la escalera se apoya en el edificio. ¿A qué distancia del suelo se encuentra el extremo superior de la escalera?

_____

Práctica 8-7

Figuras tridimensionales

Describe la base e indica de qué figura se trata.

1.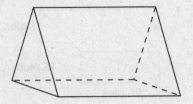

_____

_____

2.

_____

_____

3.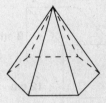

_____

_____

4.

_____

_____

5.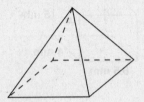

_____

_____

6.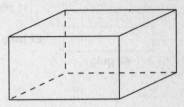

_____

_____

Dibuja las figuras que se indican.

7. una pirámide triangular

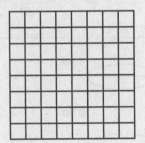

8. un prisma cuadrangular

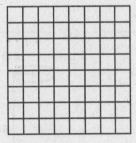

9. un cono

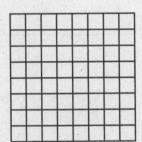

10. una pirámide pentagonal

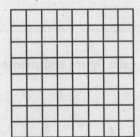

Práctica 8-8

Áreas totales de prismas y cilindros

Calcula el área total de cada prisma.

1.
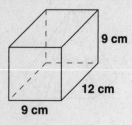
9 cm
12 cm
9 cm

_____

2.
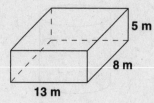
5 m
8 m
13 m

_____

3.
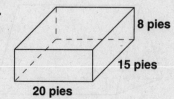
8 pies
15 pies
20 pies

_____

4.
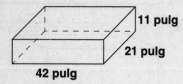
11 pulg
21 pulg
42 pulg

_____

5.
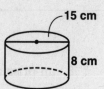
5 mm
4 mm
6.5 mm

_____

6.
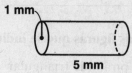
4 pulg
8.5 pulg
14.5 pulg

_____

Calcula el área total de cada cilindro. Redondea a la unidad más cercana.

7.
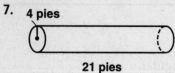
4 pies
21 pies

_____

8.
15 cm
8 cm

_____

9.
1 mm
5 mm

_____

10.
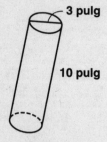
3 pulg
10 pulg

_____

11.
2 m
9 m

_____

12.
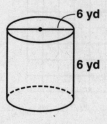
6 yd
6 yd

_____

Dibuja una plantilla para cada figura tridimensional.

13.
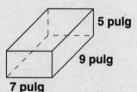
5 pulg
9 pulg
7 pulg

14.
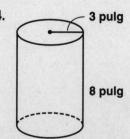
3 pulg
8 pulg

Práctica 8-9

Calcula cada volumen. Redondea a la unidad cúbica más cercana.

1.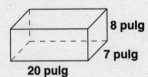

8 pulg
7 pulg
20 pulg

_____

2.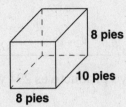

8 pies
10 pies
8 pies

_____

3.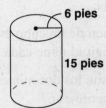

6 pies
15 pies

_____

4.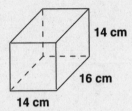

14 cm
16 cm
14 cm

_____

5.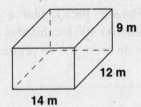

9 m
12 m
14 m

_____

6.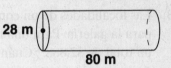

28 m
80 m

_____

7.

1 pies
10 pies

_____

8.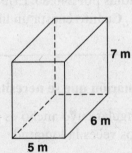

7 m
6 m
5 m

_____

9.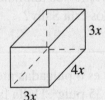

12 pulg
18 pulg

_____

Calcula el volumen de cada prisma rectangular.

10.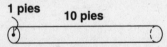

x
$4x$
$2x$

_____

11.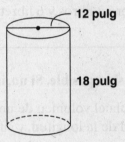

$3x$
$4x$
$3x$

_____

Halla la altura de cada prisma rectangular dados el volumen, la longitud y el ancho.

12. $V = 122,500$ cm^3
    $l = 50$ cm
    $a = 35$ cm

_____

13. $V = 22.05$ pies^3
    $l = 3.5$ pies
    $a = 4.2$ pies

_____

14. $V = 3,375$ m^3
    $l = 15$ m
    $a = 15$ m

_____

Práctica 8-10   Resolver problemas: Probar, comprobar y revisar, y escribir una ecuación

Prueba, comprueba y revisa, o escribe una ecuación para resolver cada problema.

1. El volumen de un cubo es 79,507 pulg^3.
   ¿Qué longitud tiene cada arista del cubo? _____

2. ¿Cuáles son los dos números enteros cuyo producto es 294 y
   cuyo cociente es 6?

   _____

3. Las localidades de un concierto se venden a $8 para la platea y $6
   para la galería. Para una función se vendieron 400 localidades por
   un total de $2,888. ¿Cuántas localidades de cada tipo se vendieron?

   _____

   _____

4. Aaron compró 6 libros y 2 libretas de notas por $46.86. Erin
   compró 2 libros y 6 libretas por $27.78. ¿Cuánto cuesta un libro?

   _____

Resuelve si es posible. Si no, indica la información que se necesita.

5. Calcula el volumen de un prisma rectangular cuyo ancho es la
   mitad de la longitud, y cuya altura es dos veces la longitud.

   _____

   _____

6. Sally cría cerdos y pollos. Tiene 420 animales, con un total de
   1,240 patas. ¿Cuántos cerdos cría Sally?

   _____

7. El ancho de un rectángulo es 6 pulgadas menos que su longitud.
   El área del rectángulo es 135 pulg^2. Halla la longitud y el ancho.

   _____

8. Un cubo tiene un volumen de 4,096 cm^3. ¿Cuál es la longitud de
   cada arista del cubo?

   _____

9. Tom es 26 años mayor que Paul. El producto de sus edades es
   560. ¿Qué edad tiene Paul?

   _____

Práctica 9-1

1. La tabla muestra los precios de los paquetes que contienen discos de computadora de 100 megabytes. Haz una gráfica con los datos de la tabla.

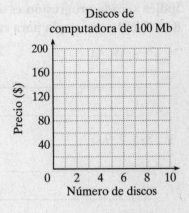

Discos de computadora de 100 Mb

Numero de discos	1	2	3	6	10
Precio ($)	20	37	50	100	150

La gráfica muestra los ingresos medios en 1989 de algunos trabajadores permanentes y el número de años de estudios que cursaron. Se muestra la línea de tendencia. Usa esta gráfica para resolver los ejercicios 2 y 3.

2. Predice los ingresos medios de los trabajadores que han cursado 20 años de estudios.

Ingresos medios

_____

3. ¿Crees que puedes usar esta gráfica para predecir el sueldo medio de los trabajadores que han cursado estudios durante menos de 8 años? Explica tu respuesta.

_____

La tabla muestra las temperaturas mensuales promedio de enero y julio de varias ciudades estadounidenses, expresadas en grados Fahrenheit. Aplica esta información para resolver los ejercicios 4 a 6.

Ciudad	Seattle	Baltimore	Boise	Chicago	Dallas	Miami	Los Ángeles
Enero	39.1	32.7	29.9	21.4	44.0	67.1	56.0
Julio	64.8	76.8	74.6	73.0	86.3	82.5	69.0

Ciudad	Anchorage	Honolulú	Nueva York	Portland	Nueva Orleáns
Enero	13.0	72.6	31.8	21.5	52.4
Julio	58.1	80.1	76.4	68.1	82.1

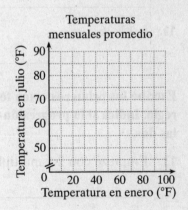

Temperaturas mensuales promedio

4. Haz una gráfica con los datos que aparecen en la tabla.

5. Usa tu gráfica para calcular la temperatura en julio de una ciudad cuya temperatura promedio en enero es de 10 °F.

_____

6. Usa tu gráfica para calcular la temperatura en enero de una ciudad cuya temperatura promedio en julio es de 75 °F.

_____

Práctica 9-2

Indica si cada progresión es aritmética, geométrica o ninguna de las dos. Escribe una regla para cada progresión.

1. $2, 6, 18, 54, \ldots$

_____

_____

2. $5, -10, 20, -40, \ldots$

_____

_____

3. $3, 5, 7, 9, \ldots$

_____

_____

4. $5, 6, 8, 11, 15, \ldots$

_____

_____

5. $1, 2, 6, 24, \ldots$

_____

_____

6. $17, 16, 15, 14, \ldots$

_____

_____

7. $50, -50, 50, -50, \ldots$

_____

_____

8. $1, 2, 4, 5, 10, 11, 22, \ldots$

_____

_____

Calcula los tres números siguientes de cada progresión.

9. $15, -14, 13, -12, \ldots$

_____

10. $243, 81, 27, \ldots$

_____

11. $5, 12, 26, \ldots$

_____

12. $2, 5, 9, 14, \ldots$

_____

Escribe los primeros cinco términos de la progresión que describe la regla. Indica si la progresión es aritmética, geométrica o ninguna de las dos.

13. Empieza con 2 y multiplica por -3 repetidamente.

_____

14. Comienza con 27 y suma -9 repetidamente.

_____

15. Comienza con 18 y multiplica por 0.1, luego por 0.2, luego por 0.3, y así sucesivamente.

_____

Práctica 9-3

Patrones y tablas

Completa cada tabla.

1.

Tiempo (h)	1	2	3	4	7
Distancia recorrida en bicicleta (mi)	8	16	24	32	

2.

Tiempo (h)	1	2	3	4	7
Distancia desde la superficie del agua (yd)	−3	−2	−1	0	

Escribe una expresión variable para describir la regla de cada progresión. Luego, calcula el 100° término.

3. 35, 36, 37, . . .

Expresión: _____

100° término: _____

4. 8, 10, 12, 14, . . .

Expresión: _____

100° término: _____

5. 1.5, 3, 4.5, 6, . . .

Expresión: _____

100° término: _____

Calcula los valores de los números que faltan en cada tabla.

6.

m	4	6		10
n	24	26	28	

7.

p	2		10	14
q	1	13	25	

8. Se representa un patrón de cuadrados.

a. Dibuja la 4ª y 5ª figura de este patrón. _____

b. Haz una tabla en la que compares el número de la figura con el número de cuadrados. Escribe una expresión que describa el número de cuadrados en la figura nª.

c. ¿Cuántos cuadrados habría en la figura 80ª? _____

Escribe una expresión variable para describir la regla de cada progresión. Luego, calcula el 20° término.

9. 6, 12, 18, 24, . . .

Expresión: _____

20° término _____

10. 3, 6, 9, 12, . . .

Expresión: _____

20° término _____

11. 1, 5, 9, 13, . . .

Expresión: _____

20° término: _____

12. En un mes determinado, el precio promedio de la carne molida es de $2.39 la libra. Aplicando esta relación, haz una tabla que muestre el precio de 1, 2, 3 y 4 libras de carne molida.

Práctica 9-4

Reglas de las funciones

Usa las reglas de las funciones. Calcula *y* para *x* = 1, 2, 3 y 4.

1. $y = 2x$

2. $y = x + 4$

3. $y = x^2 - 1$

_____

4. $y = -2x$

5. $y = 3x + 1$

6. $y = 8 - 3x$

_____

7. $y = 6 + 4x$

8. $y = x - 5$

9. $y = 2x + 7$

_____

10. $y = -5x + 6$

11. $y = 3x + 9$

12. $y = \frac{x}{2}$

_____

Escribe una regla para la función que se representa en cada tabla.

13.

x	y
1	6
2	7
3	8
4	9

14.

x	y
1	4
2	8
3	12
4	16

15.

x	y
1	−6
2	−9
3	−12
4	−15

_____

16.

x	y
1	5
2	7
3	9
4	11

17.

x	y
1	4
2	7
3	10
4	13

18.

x	y
1	−1
2	−3
3	−5
4	−7

_____

19. Una mecanógrafa escribe 45 palabras por minuto.

a. Escribe la regla de la función que representa la relación entre
el número de palabras escritas a máquina y el tiempo en el
que se escribieron.   _____

b. ¿Cuántas palabras puede escribir la mecanógrafa en 25 minutos?   _____

c. ¿Cuánto tiempo le llevaría a la mecanógrafa escribir 20,025 palabras?   _____

Práctica 9-5

La gráfica de la derecha muestra la relación que existe entre la distancia y el tiempo de un auto que se maneja a velocidad constante.

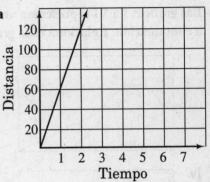

1. ¿Cuál es la velocidad? _____

2. ¿Se trata de una relación de función? _____

3. Si se trata de una función, escribe una regla para representarla.

_____

4. Haz una tabla para la función, e indica seis pares de entradas/salidas.

Haz una gráfica de cada función. Usa valores de entrada de 1, 2, 3, 4 y 5.

5. $y = -4x$

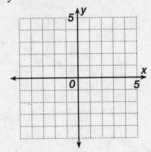

6. $y = x - 3$

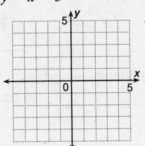

7. $y = -2x + 4$

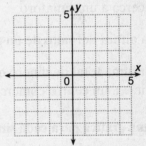

8. En esta tabla se muestra la relación que existe entre la cantidad de tiempo que una cebra corre a máxima velocidad y la distancia que recorre.

Tiempo (min)	3	6	9	12	15
Distancia (mi)	2	4	6	8	10

a. Escribe una ecuación para describir esta relación.

_____

b. Aplica la ecuación para calcular la distancia que recorrería la cebra en 48 minutos.

_____

Práctica 9-6

**Las gráficas I a VI representan una de las seis situaciones que se describen
a continuación. Relaciona cada gráfica con la situación que describe.**

I.

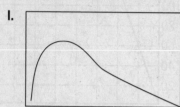

II.

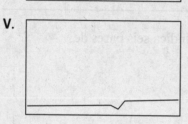

III.

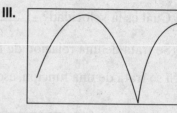

IV.

V.

VI.

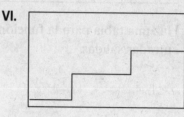

1. la temperatura mientras el tiempo
   cambia de lluvioso a nevoso   _____

2. el número de peces que se pescan
   por hora en un mal día de pesca   _____

3. el total de lluvia que cae durante un día lluvioso   _____

4. la velocidad de un carro desde que se pone en
   marcha en una señal de alto y a medida que se
   acerca a un semáforo   _____

5. la altura del salto de un grillo   _____

6. la suma total de dinero que se gastó durante un
   viaje a un centro comercial   _____

Haz una gráfica para cada situación.

7. la velocidad de un corredor en una carrera de
   1 milla

8. la altura con relación al suelo de la válvula de
   aire de la rueda de una bicicleta que rueda
   por un terreno llano (Puedes reproducir esta
   situación usando una moneda.)

Práctica 9-7

Calcula el interés *simple* que se ganó en cada cuenta.

1. capital de $700
   tasa de interés 3%
   2 años

   _____

2. capital de $950
   tasa de interés 8%
   5 años

   _____

3. capital de $5,000
   tasa de interés 6.5%
   3 años

   _____

Calcula el saldo de cada cuenta de interés *compuesto*.

4. capital de $800
   tasa de interés 6%
   9 años

   _____

5. capital de $5,200
   tasa de interés 5%
   4 años

   _____

6. capital de $3,500
   tasa de interés 4.5%
   10 años

   _____

Resuelve.

7. Pediste $600 prestados. Pagas el 5% de interés compuesto anual. ¿Cuánto debes después de 4 años?

   _____

8. Depositas $2,000 en una cuenta que da el 6% de interés compuesto anual. ¿Cuánto dinero hay en la cuenta después de 12 años?

   _____

9. Inviertes $5,000 en una cuenta que da un interés simple. El saldo después de 6 años es de $6,200. ¿Cuál es la tasa de interés?

   _____

Calcula el interés simple que ganó cada cuenta.

10. $2,000 al 4% por 6 años

    _____

11. $10,000 al 10% por 2 años

    _____

12. $500 al 3% por 3 meses

    _____

13. $25,000 al 4.25% por 5 años

    _____

14. $1,400 al 8% por 10 meses

    _____

15. $40 al 12% por 8 meses

    _____

Práctica 9-8

Resolver problemas: Escribir una ecuación

Usa cualquier estrategia o una combinación de estrategias para resolver cada problema.

1. Supón que la temperatura aumenta 8° hasta llegar a −7 °F. ¿Cuál era la temperatura inicial?

   _____

2. Un calamar gigante típico mide 240 pulgadas de largo, lo cual equivale a 16 veces el diámetro de uno de sus ojos. ¿Cuál es el diámetro de un ojo?

   _____

3. James fue a la tienda a devolver un grabador defectuoso que costaba $45 y a pedir un reembolso. Al mismo tiempo, compró unas pilas que costaban $3 el paquete. Si el reembolso que cobró fue de $33, ¿cuántos paquetes de pilas compró?

   _____

4. El Hotel Rugyong en Pyonyang, en Corea del Norte, tiene 105 pisos. Esto representa 9 veces más que dos veces el número de pisos del edificio Transamerica Pyramid de San Francisco, California. ¿Cuántos pisos tiene el Transamerica Pyramid?

   _____

5. En Roma (Italia), cae un promedio de 2 pulgadas de lluvia en abril. Esto representa aproximadamente $\frac{1}{4}$ del promedio de lluvia que cae en abril en Nairobi (Kenia). ¿Cuánta lluvia cae en abril en Nairobi?

   _____

6. Neptuno tiene 8 lunas conocidas. Esto representa 2 veces más que $\frac{1}{3}$ del número de lunas conocidas de Saturno. ¿Cuántas lunas de Saturno se conocen?

   _____

7. La ley de Ohm expresa que la corriente eléctrica, I en amperios, que pasa a través de una resistencia viene dada por la fórmula $I = \frac{V}{R}$, en la que V es el voltaje expresado en voltios y R es la resistencia expresada en ohmios. Si la corriente es de 6 amperios y la resistencia es de 18 ohmios, ¿cuál es el voltaje?

   _____

   _____

8. Las temperaturas Fahrenheit y Celsius se relacionan mediante la fórmula $F = \frac{9}{5}C + 32$. ¿Cuál es la temperatura Celsius si

   a. la temperatura es de 77 °F? _____

   b. la temperatura es de −22 °F? _____

Práctica 9-9

Halla la variable que se indica en cada fórmula.

1. $d = rt$, para r _____

2. $P = 4s$, para s _____

3. $K = C + 273$, para C _____

4. $S = 180(n - 2)$, para n _____

5. $m = \dfrac{a + b + c}{3}$, para a _____

6. $A = \pi r^2$, para π _____

7. $P = 2b + 2h$, para b _____

8. $V = \dfrac{1}{3}Bh$, para B _____

9. $A = 2(la + ah + lh)$, para l, dados $a = 5, h = 3$ y $A = 158$

_____

10. $C = \dfrac{5}{9}(F - 32)$, para F, dado $C = 25$

_____

11. $T = 0.0825p$, para p, dado $T = 13.2$

_____

12. $F = ma$, para m, dado $a = 9.8$ y $F = 117.6$

_____

Resuelve.

13. En 1989, el patinador de hielo holandés Dries van Wijhe patinó
200 km a una velocidad promedio de 35.27 km/h. ¿Cuánto
tiempo estuvo patinando?

_____

14. Un reparador de techos calcula el precio que ofertará aplicando
la fórmula $P = 1.85A + 4.2i$, en la cual a es el área del techo en
pies cuadrados y i es la longitud de la imposta expresada en pies.
Calcula el área del techo con 190 pies de imposta y un precio
de $4,148.

_____

Práctica 10-1

Representar gráficamente puntos en cuatro cuadrantes

Nombra el punto que corresponde con las coordenadas dadas.

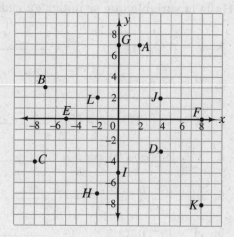

1. $(-2, 2)$ _____

2. $(8, 0)$ _____

3. $(4, -3)$ _____

4. $(-7, 3)$ _____

5. $(0, -5)$ _____

6. $(-8, -4)$ _____

Escribe las coordenadas de los siguientes puntos.

7. E _____

8. A _____

9. H _____

10. K _____

11. G _____

12. J _____

Identifica el cuadrante en el que se encuentra cada punto.

13. $(-4, 3)$

14. $(7, 21)$

15. $(5, -8)$

16. $(-2, -7)$

_____

_____

_____

_____

Representa gráficamente la recta que contiene cada par de puntos. Indica si la recta es vertical u horizontal.

17. $(3, 6), (3, -2)$

18. $(-1, 5), (3, 5)$

_____

_____

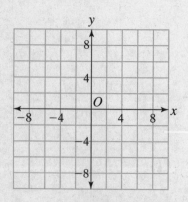

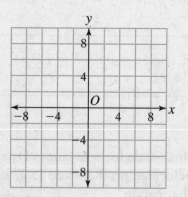

Sin hacer una gráfica, indica si la recta que contiene cada par de puntos es vertical u horizontal.

19. $(10, -1), (10, 5)$

20. $(3, -2), (8, -2)$

21. $(0, 6), (0, -7)$

_____

_____

_____

Práctica 10-2

Representar gráficamente ecuaciones lineales

Determina si cada par ordenado es una solución de $y = x - 4$.

1. $(0, -4)$ _____

2. $(5, -1)$ _____

3. $(-3, -7)$ _____

4. $(-7, -3)$ _____

¿Sobre cuál de las siguientes rectas está ubicado cada punto? Un punto puede estar ubicado sobre más de una recta.

A. $y = x + 5$ **B.** $y = -x + 7$ **C.** $y = 2x - 1$

5. $(0, 5)$ _____

6. $(1, 6)$ _____

7. $\frac{8}{3}, \frac{13}{3}$ _____

8. $(0, -1)$ _____

9. $(4, 9)$ _____

10. $(4, 3)$ _____

11. $(-2, -5)$ _____

12. $(-8, 15)$ _____

Representa gráficamente cada ecuación lineal.

13. $y = 3x - 1$

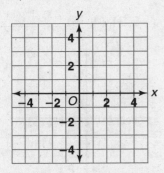

14. $y = -2x + 1$

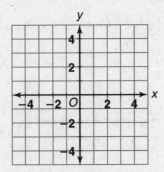

15. $y = 2x - 4$

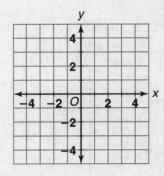

16. ¿A través de qué cuadrantes pasa la gráfica de $y = -x$?

_____

17. Usa la siguiente gráfica para determinar las coordenadas del punto que representa una solución de las ecuaciones de las rectas p y q.

_____

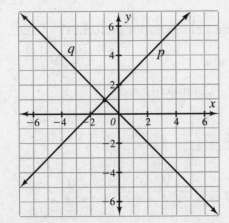

Práctica 10-3

Calcular la pendiente de una recta

Calcula la pendiente de cada recta.

1. _____

2. _____

3. _____

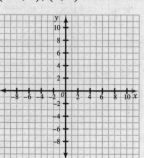
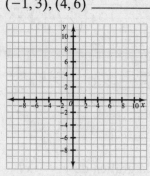
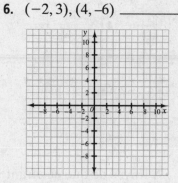

Usa el plano de coordenadas para representar gráficamente los puntos dados. Calcula la pendiente de la recta a través de los puntos.

4. $(-4, 6), (8, 4)$ _____

5. $(-1, 3), (4, 6)$ _____

6. $(-2, 3), (4, -6)$ _____

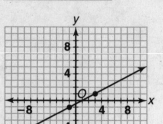

7. ¿Qué pendiente haría más fácil empujar un carro pesado hacia arriba: $\frac{1}{2}, \frac{1}{6}, 3$ ó 5? _____

8. ¿Qué pendiente es la que probablemente produciría la mayor velocidad al bajar una colina esquiando: $\frac{1}{8}, \frac{1}{4}, 1$ ó 2? _____

9. ¿Qué pendiente de un techo sería la más peligrosa para un reparador de techos: $\frac{1}{16}, \frac{1}{10}, \frac{1}{2}$ ó $\frac{3}{2}$? _____

10. ¿Cuál de las pendientes del ejercicio 9 sería la más fácil para el reparador de techos? _____

Dibuja una recta con la pendiente dada a través del punto dado.

11. $P(5, 1)$, pendiente $= -\frac{1}{3}$

12. $K(-2, 4)$, pendiente $= 3$

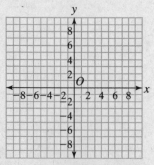
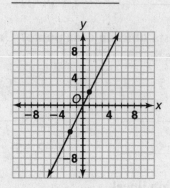
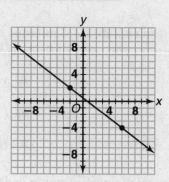

Práctica 10-4

Relaciona cada gráfica con una ecuación.

1.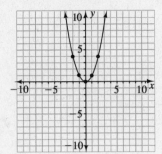

_____

2.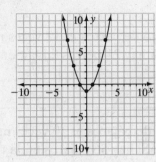

_____

3.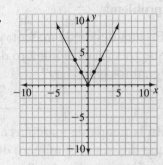

_____

4.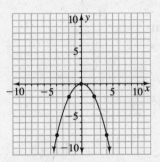

_____

5.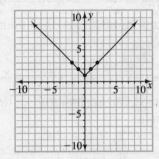

_____

6.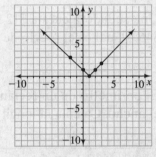

_____

A. $y = |x - 1|$

B. $y = x^2$

C. $y = -\frac{1}{2}x^2$

D. $y = |x| + 1$

E. $y = |2x|$

F. $y = x^2 - 1$

7. **a.** Completa la siguiente tabla para la ecuación $y = x^2 + 2$.

x	-3	-2	-1	0	1	2	3
y							

b. Representa gráficamente los pares ordenados y conecta los puntos de la manera más simple posible.

c. Describe en qué se diferencia esta gráfica de la gráfica $y = x^2$.

_____

_____

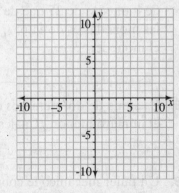

Práctica 10-5

Resolver problemas: Hacer una tabla y una gráfica

Elige una estrategia o una combinación de estrategias para resolver cada problema.

1. En una tienda de mascotas el número de perros es 12 veces mayor que tres veces el número de gatos. Si hay 21 perros en la tienda, ¿cuántos gatos hay?

   _____

2. En la tienda de mascotas el número de pájaros es 10 veces menor que dos veces el número de conejos. Si hay 56 pájaros en la tienda, ¿cuántos conejos hay?

   _____

3. Una sudadera cuesta $12 más que una camisa. Las dos juntas cuestan $46. ¿Cuál es el precio de la camisa?

   _____

4. El perímetro de un rectángulo es de 84 cm. La longitud es dos veces el ancho. Calcula la longitud y el ancho.

   _____

5. Mark y Melinda coleccionan gorras de béisbol. Mark tiene 7 más que Melinda. Juntos tienen 115 gorras. ¿Cuántas gorras tiene cada uno?

   _____

6. Lydia vendió $\frac{4}{5}$ de sus velas para recaudar dinero para la banda de música. Le quedan 8 velas. ¿Cuántas velas tenía al principio?

   _____

7. Un monedero contiene monedas de 25, de 10 y de 5 centavos. Existe la misma cantidad de monedas de 10 y 5 centavos y la mitad de monedas de 25 que de monedas de 10 centavos. El valor total de las monedas es de $1.65. ¿Cuántas monedas de cada tipo hay en el monedero?

   _____

8. La suma de dos números da 20. El número mayor es 4 veces más que el número menor. ¿Cuáles son los dos números?

   _____

9. Un taller mecánico le cobró $48 al Sr. Tilton por la reparación de su carro por repuestos y $36 por hora de trabajo. ¿Cuántas horas trabajó el taller en el carro si el importe total de la factura fue de $156?

   _____

Práctica 10-6

Traslaciones

Usa la gráfica que aparece a la derecha para resolver los ejercicios 1 a 4.

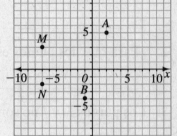

1. Indica las coordenadas del punto *A* después de trasladarlo hacia abajo 3 unidades. _____

2. Indica las coordenadas del punto *B* después de trasladarlo hacia la izquierda 3 unidades. _____

3. Supón que $M(-7, 3) : M'(4, -1)$. ¿Cuáles son los cambios verticales y horizontales? _____

4. ¿Cuáles son las coordenadas del punto *N* después de trasladarlo a la derecha 8 unidades y hacia arriba 5 unidades? _____

Representa gráficamente las siguientes traslaciones de *ABCD*.
Indica las coordenadas de *A′*, *B′*, *C′* y *D′*.

5. *A* (2, 1), *B* (4, 5), *C* (7, 4), *D* (5, −1); a la derecha 2 unidades

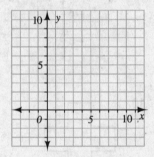

_____

6. *A* (2, 1), *B* (4, 5), *C* (7, 4), *D* (5, −1); hacia abajo 1 unidad, hacia la izquierda 2 unidades

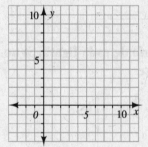

_____

Escribe la regla para las traslaciones que aparecen en cada gráfica.

7.

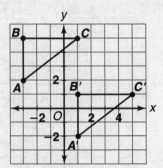

_____

8.

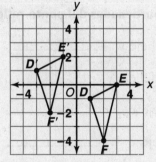

_____

Práctica 10-7

Usa la gráfica que aparece a la derecha para resolver los ejercicios 1 a 3.

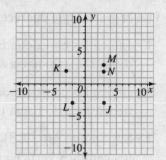

1. ¿Para qué dos puntos es el eje x un eje de reflexión?

   _____

2. ¿Para qué dos puntos es el eje y un eje de reflexión?

   _____

3. Los puntos L y J no son reflexiones a través del eje y. ¿Por qué?

   _____

   _____

$\triangle A'B'C'$ es una reflexión de $\triangle ABC$ sobre el eje x. Dibuja $\triangle A'B'C'$ y completa cada enunciado.

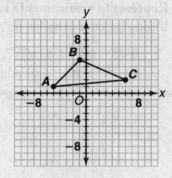

4. $A(-5, 1) \rightarrow A'(x, y)$ _____

5. $B(-1, 5) \rightarrow B'(x, y)$ _____

6. $C(6, 2) \rightarrow C'(x, y)$ _____

Dibuja los ejes de simetría de cada figura. Si no existen ejes de simetría, escribe *no existe*.

7.   8.   9.   10.

Representa gráficamente cada punto y su reflexión a través del eje indicado. Escribe las coordenadas del punto reflejado.

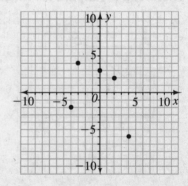

11. $(-3, 4)$ a través del eje y _____

12. $(-4, -2)$ a través del eje x _____

13. $(2, 2)$ a través del eje x _____

14. $(0, 3)$ a través del eje x _____

15. $(4, -6)$ a través del eje y _____

16. $(-4, -2)$ a través del eje y _____

Práctica 10-8

¿Tienen las siguientes figuras simetría rotacional? Explica tu respuesta.

1.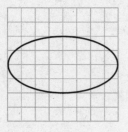

2.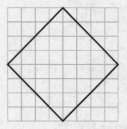

3.

4.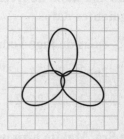

_____ _____ _____ _____

Dibuja las imágenes de las figuras después de realizarse la rotación indicada alrededor del punto O.

5. rotación de 90°   **6.** rotación de 180°   **7.** rotación de 270°   **8.** rotación de 180°

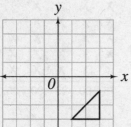

La figura II es la imagen de la figura I. Indica si la transformación es una traslación, una reflexión o una rotación.

9.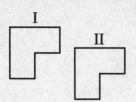

_____

10.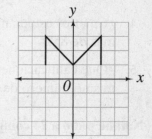

_____

11.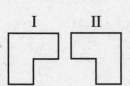

_____

12.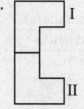

_____

Práctica 11-1

Haz una tabla de frecuencia y un diagrama de puntos para los siguientes datos.

1. cajas de jugo vendidas por día:

   26 21 26 24 27 23 24 22

   26 21 23 26 24 26 23

La Sra. Makita hizo un diagrama de puntos para mostrar las calificaciones que obtuvieron sus estudiantes en una prueba. A la derecha se ve el diagrama de puntos de la Sra. Makita.

2. ¿Qué representa cada elemento o *x*? _____

3. ¿Cuántos más estudiantes
   obtuvieron 75 que 95? _____

4. ¿Cuántos estudiantes obtuvieron
   más de 85? _____

5. ¿Qué calificaciones obtuvieron el
   mismo número de estudiantes? _____

Calificaciones de la prueba

```
X               X
X   X   X   X
X   X   X   X       X
X   X   X   X   X   X
X   X   X   X   X   X
X   X   X   X   X   X
─────────────────────────→
75  80  85  90  95  100
```

Natalie pidió a 24 compañeros de clase que estimaran el número total de horas (redondeando al cuarto de hora más cercano) que les lleva hacer su tarea entre el lunes y el jueves. La siguiente tabla de frecuencia muestra sus respuestas.

6. ¿Puedes indicar, a partir de la tabla, cuántos estudiantes pasan
   dos horas o menos haciendo la tarea? Explica tu respuesta.

   _____

7. ¿Cuántos más estudiantes hacen los deberes en al menos 5 horas,
   que los que los hacen en menos de 4 horas?

   _____

8. Haz un histograma con los datos. Usa los intervalos de la tabla.

Horas dedicadas a hacer los deberes

Número de horas	Frecuencia
1 – 1.75	1
2 – 2.75	1
3 – 3.75	2
4 – 4.75	6
5 – 5.75	8
6 – 6.75	3
7 – 7.75	2
8 – 8.75	1

Práctica 11-2

Usa la hoja de cálculo de la derecha para resolver los ejercicios 1 a 4.

Entradas de concierto vendidas

	A	B	C
1	**Función**	**Entradas de adulto**	**Entradas de estudiante**
2	Jueves	47	65
3	Viernes	125	133
4	Sábado	143	92

1. ¿Qué valor muestra la celda B3?

_____

2. ¿Qué celda muestra 65 entradas vendidas?

_____

3. ¿Cuántas más entradas de adulto que de estudiante se vendieron el sábado?

_____

4. La productora del concierto pensó que tendría la mayor asistencia el sábado. Compara los datos con sus expectativas.

_____

_____

Decide si para los datos disponibles conviene más una gráfica de doble barra o una gráfica de doble línea. Haz una gráfica con los datos.

5. estudiantes que toman clases de idiomas extranjeros

Año	Niños	Niñas
1990	45	60
1991	50	55
1992	70	60
1993	55	75

6. actividades deportivas extracurriculares

Deporte	Niños	Niñas
básquetbol	40	30
voleibol	30	40
fútbol	40	25

Práctica 11-3

El diagrama de tallo y hojas de la derecha muestra el número de canastas anotadas por uno de los diez equipos internos de básquetbol en la última temporada. Úsalo para resolver los ejercicios 1 a 4.

1. ¿Cuántos datos hay?

   _____

2. ¿Cuál es la menor medición dada?

   _____

3. ¿Cuál es la mayor medición dada?

   _____

4. ¿En cuántos partidos anotó el equipo menos de 70 canastas?

   _____

5	2	6	9
6	0	4	6
7	1	5	
8	4	8	

8 | 4 significa 84

La gráfica de caja y brazos de la derecha muestra el número de páginas leídas por informes de libros de una clase de literatura de séptimo grado. Úsala para resolver los ejercicios 5 a 7.

5. ¿Cuál es el rango de los datos?

   _____

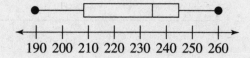

190 200 210 220 230 240 250 260

6. ¿Cuál es el cuartil inferior? ¿Y el superior?

   _____

7. ¿Qué cuartil contiene la mayoría de los datos?

   _____

8. Haz un diagrama de tallo y hojas y una gráfica de frecuencias acumuladas para el conjunto de datos.

   calificaciones de la prueba de ciencias:

83	73	78	60	85
92	95	85	99	68

Práctica 11-4
Resolver problemas: Hacer una tabla y usar el razonamiento lógico

Resuelve cada problema combinando las estrategias de Usar el razonamiento lógico y Hacer una tabla.

1. Alicia, Barb, Cathy, Dahlia y Ellen llegan a la escuela cada una por un medio diferente. Una viaja en un carro con otros estudiantes, otra va en bicicleta, otra camina todos los días, otra viaja en el carro de su familia y otra utiliza el autobús escolar. Cathy no viaja en carro. Barb disfruta el viaje en autobús por el campo. Ellen es la última por la que pasa el carro con los otros estudiantes. Alicia vive frente a la escuela. ¿Cómo llega a la escuela cada una de las chicas?

   _____

   _____

2. Las cuatro primeras corredoras de una carrera a campo traviesa cruzaron la línea de llegada de la siguiente manera. Susan llegó después que Mary. Donna llegó antes que Susan, pero no ganó la carrera. Genenieve llegó última. ¿En qué orden llegaron las corredoras?

   _____

Utiliza cualquier estrategia o combinación de estrategias para resolver cada problema.

3. Nick sacó dinero de su alcancía. Compró un libro por $3.50 y ganó $3.00 por barrer hojas secas. Ahora tiene $4.50. ¿Cuánto dinero sacó de la alcancía? _____

4. Halla la mediana de todos los números nones positivos múltiplos de 3 que son menores que 50. _____

5. ¿De cuántas maneras diferentes puedes tener $1 en cambio usando monedas de un centavo, diez centavos, veinticinco centavos y cincuenta centavos? _____

6. ¿Cuál de los números que se ven a la derecha se describe a continuación?

   La diferencia entre los dígitos es 3.
   Es múltiplo de 3.
   Es mayor que el promedio entre 84 y 41.
   Es menor que el producto de 9 por 11.
   Es par. _____

   85   41
   52   74   69
   30   96

Theodore trabaja para el Sr. Jonas. El Sr. Jonas acordó pagarle a Theodore $.01 el primer día, $.02 el segundo día, $.04 el tercer día, $.08 el cuarto día y así sucesivamente.

7. ¿Cuánto ganará Theodore el decimoquinto día? _____

8. ¿Cuánto ganará Theodore en quince días? _____

Práctica 11-5

Deseas hacerle una encuesta a los estudiantes de tu escuela sobre sus hábitos de ejercicio. Indica si los ejercicios 1 y 2 te darán una muestra aleatoria de la población, y explica tu respuesta.

1. Selecciona uno de cada diez estudiantes a partir de una lista alfabética de los estudiantes de tu escuela. Entrevista a los estudiantes seleccionados en sus clases del primer período.

_____

2. A la hora del almuerzo párate frente a una máquina dispensadora. Entrevista a cada estudiante que compre algo de la máquina.

_____

¿Es *tendenciosa* o *imparcial* cada una de las preguntas? Vuelve a escribir las preguntas tendenciosas para hacerlas imparciales.

3. ¿Crees que el uso del casco debería ser obligatorio para todos los ciclistas?

_____

4. ¿Prefieres la belleza natural de los pisos de madera en tu hogar?

_____

5. ¿Haces ejercicio con regularidad?

_____

6. ¿Comes al menos la cantidad recomendada de frutas y verduras para garantizar una vida larga y saludable?

_____

7. ¿Te gusta más el aspecto de una alfombra espesa y suntuosa en tu sala de estar?

_____

8. ¿Tomas diariamente un complejo multivitamínico como complemento de tu dieta?

_____

9. ¿Lees el diario para estar informado de los sucesos mundiales?

_____

10. ¿Piensas que los noticieros de TV dan una imagen sensacionalista de los problemas cotidianos?

_____

Práctica 11-6

Los trabajadores de un parque estatal capturaron, etiquetaron y liberaron a las especies indicadas en la tabla de la derecha. Meses más tarde capturaron el número de animales indicado en la tabla de abajo y contaron los animales etiquetados. Utiliza una proporción para estimar la población de cada especie que habita en el parque.

Animales etiquetados	
Osos	12
Ardillas	50
Mapaches	23
Conejos	42
Truchas	46
Búhos	24
Zorros	14
Zorrillos	21

	Capturados	Etiquetados contados	Población aproximada
1. Osos	30	9	
2. Ardillas	1,102	28	
3. Mapaches	412	10	
4. Conejos	210	2	
5. Truchas	318	25	
6. Búhos	117	10	
7. Zorros	54	9	
8. Zorrillos	45	6	

Un guarda forestal etiqueta 100 animales. Aplica una proporción para estimar la población total de cada muestra.

9. 23 de 100 animales están etiquetados

_____

10. 12 de 75 animales están etiquetados

_____

11. 8 de 116 animales están etiquetados

_____

12. 5 de 63 animales están etiquetados

_____

13. 4 de 83 animales están etiquetados

_____

14. 3 de 121 animales están etiquetados

_____

15. 83 de 125 animales están etiquetados

_____

16. 7 de 165 animales están etiquetados

_____

Usa una proporción para estimar la población de cada animal.

17. Total de patos contados: 1,100
Patos marcados contados: 257
Total de patos marcados: 960

_____

18. Total de caimanes contados: 310
Caimanes marcados contados: 16
Total de caimanes marcados: 90

_____

Práctica 11-7

La siguiente tabla muestra el número de estudiantes que se inscribieron a clases de natación de 2001 a 2003.

1. Basándote en los datos, dibuja una gráfica de doble línea que muestre el aumento en el número de estudiantes que se inscribieron a clases de natación en el verano.

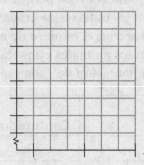

Inscripciones a clases de natación		
	Niños	**Niñas**
2001	375	360
2002	400	395
2003	410	420

2. Utiliza los mismos datos para dibujar una segunda gráfica de doble línea que no señale el aumento en el número de estudiantes que se inscribieron a clases de natación en el verano.

3. ¿Cuál de las gráficas podría utilizarse para solicitar más horarios reservados para clases de natación en la piscina?

_____

_____

Vince obtuvo las siguientes calificaciones en las pruebas de cada capítulo de su clase de matemáticas. Usa estos datos en los ejercicios 4 a 6.

95   89   83   90   83

4. Halla la media, la mediana y la moda de sus calificaciones en las pruebas.

_____

5. ¿Debe Vince describir sus pruebas utilizando la media, la mediana o la moda para mostrar su capacidad en matemáticas?

_____

_____

6. ¿Debe su maestra emplear la media, la mediana o la moda para animar a Vince a verificar su trabajo con más cuidado en la próxima prueba?

_____

_____

Práctica 11-8

Indica qué tendencia esperarías ver en los diagramas de dispersión si comparas los conjuntos de datos de los ejercicios 1 a 4. Explica tu razonamiento.

1. la estatura de una persona y su número de calzado

_____

_____

2. la edad de un niño y la asignación semanal que recibe

_____

_____

3. la distancia a la que uno vive de la escuela y la extensión de la jornada escolar

_____

_____

4. el promedio de horas que duerme un niño y su edad

_____

_____

5. Haz un diagrama de dispersión con los siguientes datos. ¿Muestra el diagrama alguna tendencia? Si es así, ¿cuál? _____

Número de horas de práctica	Número de tiros libres anotados de cada 10
6	3
7	5
8	6
9	6
10	7
11	7
12	6
13	7

Describe la tendencia en cada diagrama de dispersión.

6.
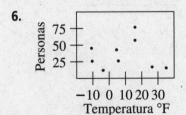

7.
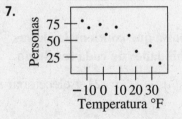

8.
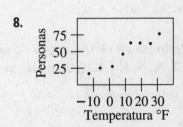

_____   _____

Práctica 12-1

**Haces girar una flecha giratoria con números del 1 al 10. Cada
resultado es igualmente probable. Encuentra las probabilidades que
se indican a continuación como fracción, decimal y porcentaje.**

1. $p(9)$

2. $P(\text{par})$

3. $P(\text{número mayor que } 0)$

4. $P(\text{múltiplo de } 4)$

_____   _____   _____   _____

**Hay ocho canicas azules, nueve naranjas y seis amarillas en una bolsa.
Sacas una canica. Calcula las distintas probabilidades.**

5. $P(\text{canica azul})$ _____

6. $P(\text{canica amarilla})$ _____

7. ¿Qué canica agregarías o quitarías para que la probabilidad de
sacar una canica azul sea $\frac{1}{3}$?

_____

**Una caja contiene 12 tiras de papel, como se
indica. Existe la misma probabilidad de sacar
cada tira de papel. Calcula las distintas
probabilidades.**

rojo	azul	amarillo	azul
amarillo	rojo	azul	rojo
rojo	rojo	rojo	amarillo

8. $P(\text{rojo})$

9. $P(\text{azul})$

10. $P(\text{amarillo})$

_____   _____   _____

11. $P(\text{rojo}) + P(\text{azul})$

12. $P(\text{rojo}) + P(\text{amarillo})$

13. $P(\text{azul}) + P(\text{amarillo})$

_____   _____   _____

14. $P(\text{rojo o azul})$

15. $P(\text{rojo o amarillo})$

16. $P(\text{azul o amarillo})$

_____   _____   _____

17. $P(\text{no rojo})$

18. $P(\text{no azul})$

19. $P(\text{no amarillo})$

_____   _____   _____

**Seleccionas una letra al azar de una bolsa que contiene las letras
S, P, I, N, N, E y R. Calcula las probabilidades de cada resultado.**

20. seleccionar una N

21. seleccionar una S

_____   _____

Práctica 12-2

Supón que observas el color de los calcetines de los estudiantes de tu clase: 12 son blancos, 4 negros, 3 azules y 1 rojos. Calcula cada probabilidad experimental como fracción en su mínima expresión.

1. P(blancos) _____

2. P(rojos) _____

3. P(azules) _____

4. P(negros) _____

5. P(amarillos) _____

6. P(negros o rojos) _____

Usa los datos de la tabla de la derecha para resolver los ejercicios 7 a 12. Calcula cada probabilidad experimental como porcentaje.

Aperitivo favorito Resultados de la encuesta	
Aperitivo	Número de estudiantes
Fruta	8
Granola	2
Galletas saladas	3
Papas fritas	7
Zanahorias	5

7. P(fruta)

_____

8. P(granola)

_____

9. P(galletas saladas)

_____

10. P(zanahorias)

_____

11. P(no fruta)

_____

12. P(granola o papas fritas)

_____

13. Realiza un experimento para calcular la probabilidad de que una palabra escogida al azar en un libro sea la palabra *el*. ¿Cuántas palabras miraste para encontrar P(el)? ¿Qué es P(el)?

_____

14. Supón que se obtiene el siguiente resultado al arrojar al aire una moneda: cara, cruz, cara, cruz, cara. ¿Cuál es la probabilidad experimental para cara?

_____

Resuelve.

15. La probabilidad de que un niño de doce años tenga un hermano o hermana es del 25%. Si entrevistaras a 300 niños de doce años, ¿cuántos crees que tendrían un hermano o hermana? _____

16. **a.** Un inspector de control de calidad encontró defectos en 13 de 150 sudaderas. Halla la probabilidad de que una sudadera tenga un defecto, redondeando al décimo porcentual más cercano. _____

b. Supón que la empresa produce 500 sudaderas por día. ¿Cuántas no tendrán defectos? _____

c. Supón que la empresa produce 600 sudaderas por día. ¿Cuántas tendrán defectos? _____

17. Describe un experimento simulado que pruebe lo siguiente: tu periódico llega antes de las 7:00 a.m. la mitad de los días, y después de esa hora la otra mitad de los días. ¿Cuántos días crees que deberán pasar antes de que tu periódico te haya llegado antes de las 7:00 a.m. 5 días seguidos?

_____

Práctica 12-3

Resolver problemas: Hacer una lista ordenada y simular un problema

Resuelve estos problemas, ya sea mediante una lista ordenada o simulando el problema. Explica por qué elegiste ese método.

1. Un supermercado organiza un concurso. Cada vez que entras, recibes una tarjeta con la letra P, R, E, M, I u O. Tienes las mismas probabilidades de recibir una tarjeta u otra. Para ganar un premio, debes formar la palabra PREMIO juntando las tarjetas. ¿Cuántas veces deberás entrar en el almacén para ganar un premio?

_____

_____

2. Una empresa fabricante de goma de mascar envuelve su producto en un papel que lleva impreso un dígito del 1 al 6. Cuando reúnes las envolturas que contienen los 6 dígitos ganas un premio. Usa un cubo numérico para ayudarte a decidir cuántas unidades de goma de mascar deberás comprar para obtener los 6 dígitos.

_____

_____

Usa cualquier estrategia para resolver cada problema. Muestra tu trabajo.

3. En 1960, el submarino *Tritón* navegó 36,014 millas alrededor del mundo. Si el viaje duró 76 días, ¿qué promedio de millas recorrió el *Tritón* cada día?

_____

4. Después de trabajar en una empresa durante un año, Melanie recibió un aumento del 10% en su salario. Más tarde, toda la empresa sufrió una disminución del 10% en sus salarios debido a dificultades presupuestarias. Si Melanie comenzó a trabajar ganando $2,000 mensuales, ¿cuánto estará recibiendo ahora?

_____

5. El sábado en un centro comercial, Suki adquirió un par de pantalones vaqueros azules por $15.55 y unos libros por $8.53. Para almorzar gastó $1.50 en jugo y $3.25 en un sándwich. Al salir del centro comercial le quedaban $5.27. ¿Con cuánto dinero llegó Suki al centro comercial?

_____

6. Mari proyecta hacer una colcha para muñecas con 16 cuadrados. La mitad de los cuadrados serán rojos. El resto de los cuadrados serán mitad de algodón estampado y mitad blancos. Si el lado de cada cuadrado mide 9 pulgadas, ¿cuántos pies cuadrados de cada tipo de tela necesitará?

_____

Práctica 12-4

Traza una tabla que indique el espacio muestral y halla el número de resultados. Luego, calcula la probabilidad.

1. Un teatro usa una letra para indicar el número de fila y un número para indicar la columna en la que se encuentra una butaca. Si hay ocho filas y diez columnas, ¿cuál es la probabilidad de seleccionar una butaca al azar en la columna 1? _____

Haz un diagrama de árbol. Luego, halla la probabilidad.

2. Se arroja una moneda al aire tres veces.
   a. Haz un diagrama de árbol que muestre todos los posibles resultados en que caerá la moneda.

   b. Calcula la probabilidad de que la moneda caiga cara las tres veces o cruz las tres veces. _____

Usa el principio de conteo.

3. Una empresa de pizzas hace pizza en tres tamaños diferentes: pequeña, mediana y grande. Hay cuatro agregados posibles: pepperoni, salchicha, pimiento verde y champiñones. ¿Cuantas clases diferentes de pizza con un agregado se ofrecen? _____

4. Puedes elegir entre tres tipos de sándwich y tres tipos de jugo para el almuerzo. ¿Cuántas combinaciones posibles tienes de sándwich y jugo? _____

Susan tiene suéteres rojos, azules, verdes y amarillos. Joanne tiene suéteres verdes, rojos, violetas y blancos. Los suéteres de Diane son rojos, azules, violetas y malvas. Cada niña tiene un solo suéter de cada color, y escogerá al azar un suéter para ponerse. Calcula cada probabilidad.

5. P(cada niña elige un color diferente)

6. P(todas las niñas eligen el mismo color)

_____

7. P(dos niñas eligen el mismo color y la tercera, uno diferente)

8. P(todas las niñas eligen un suéter rojo)

_____

Práctica 12-5

Cada letra de la palabra MASSACHUSETTS se escribe en una tarjeta. Las tarjetas se colocan en una canasta. Halla las distintas probabilidades.

1. ¿Cuál es la probabilidad de seleccionar dos S si la primera tarjeta se vuelve a colocar en la canasta después de elegir la segunda tarjeta?

_____

2. ¿Cuál es la probabilidad de seleccionar dos S si la primera tarjeta no se vuelve a colocar después de elegir la segunda tarjeta?

_____

Haces rodar un dado. Halla cada probabilidad.

3. $P(3, \text{luego } 5)$

_____

4. $P(2, \text{luego } 2)$

_____

5. $P(5, \text{luego } 4, \text{luego } 6)$

_____

6. $P(6, \text{luego } 0)$

_____

7. $P(9, \text{luego } 4)$

_____

8. $P(2, \text{luego } 1, \text{luego } 5)$

_____

Cuatro niñas y ocho niños son candidatos a presidente o vicepresidente del Consejo Estudiantil. Halla las distintas probabilidades.

9. Halla la probabilidad de que dos niños sean elegidos.

_____

10. Halla la probabilidad de que dos niñas sean elegidas.

_____

11. Halla la probabilidad de que el presidente sea un niño y la vicepresidenta sea una niña.

_____

12. Halla la probabilidad de que la presidenta sea una niña y el vicepresidente sea un niño.

_____

Una caja contiene 10 pelotas numeradas de 1 a 10. Marisa extrae una pelota, anota su número y la devuelve a la caja. Luego, Penny extrae una pelota. Halla las probabilidades.

13. $P(9, \text{luego } 3)$

_____

14. $P(\text{par, luego impar})$

_____

15. $P(\text{impar, luego } 2)$

_____

16. $P(\text{la suma de los números es } 25)$

_____

17. $P(\text{primo, luego compuesto})$

_____

18. $P(\text{factor de } 8, \text{luego múltiplo de } 2)$

_____

Práctica 12-6

Comienza con las letras de la palabra PASO.

1. Haz una lista ordenada de todas las posibles permutaciones de las cuatro letras.

2. ¿Cuántas permutaciones forman palabras reales? _____

Halla el número de permutaciones de cada grupo de letras.

3. L, U, C, E, S
   _____

4. A, M, I, G, O, S
   _____

5. E, S, C, R, I, T, O, R
   _____

Halla el número de permutaciones de tres letras en cada grupo de letras.

6. A, P, Q, M
   _____

7. L, S, U, V, R,
   _____

8. M, B, T, O, D, K
   _____

Resuelve.

9. Supón que el primero, el segundo y el tercero de los ganadores de un certamen deben ser elegidos entre ocho estudiantes clasificados. ¿De cuántas maneras pueden ser elegidos los ganadores? _____

10. Antonio tiene nueve sudaderas diferentes para usar en su trabajo al aire libre. Tiene tres pares de pantalones vaqueros y dos pares de pantalones de trabajo. ¿Cuántos conjuntos diferentes puede usar Antonio en su trabajo? _____

11. Ramona tiene un candado de combinación para su bicicleta. Sabe que los números son 20, 41 y 6, pero no recuerda su orden. ¿Cuántos arreglos posibles existen? _____

12. Travis está plantando 5 rosales a lo largo de una cerca. Cada rosal da flores de un color diferente: rojo, amarillo, rosa, durazno y blanco. Si quiere plantar 3 rosales separados por rosales de rosas blancas y amarillas, ¿de cuántos modos posibles puede plantar los 5 rosales? _____

Nombre _____ Clase _____ Fecha _____

Práctica 12-7

Halla el número de combinaciones posibles.

1. Escoge 3 personas entre 4.

_____

2. Escoge 4 personas entre 6.

_____

Usa los números 3, 5, 8, 10, 12, 15, 20. Haz una lista de todas las combinaciones.

3. 2 números pares

_____

4. 3 números impares

_____

5. 1 par, 1 impar

_____

_____

6. 2 números cualesquiera

_____

_____

7. Acabas de comprar cinco libros nuevos para leer. Quieres llevarte dos de ellos contigo en las vacaciones. ¿De cuántas maneras puedes elegir dos libros para llevarte? _____

Charmayne está organizando un concurso de atletismo. Hay 4 corredoras en su categoría. Cada corredora debe competir individualmente contra cada una de las otras corredoras de su categoría.

8. ¿Cuántas carreras debe programar Charmayne? _____

9. ¿Debe programar permutaciones o combinaciones? _____

Un comité para la fiesta de fin de año está compuesto por cuatro estudiantes de octavo grado y tres de séptimo. Se forma un subcomité de tres miembros.

10. ¿Cuántas combinaciones diferentes de estudiantes de octavo grado puede haber si hay tres de octavo grado en el subcomité?

_____

11. ¿Cuántas combinaciones diferentes de estudiantes de séptimo grado puede haber si el subcomité está formado por tres de séptimo grado?

_____

12. Calcula la probabilidad de que los 3 miembros del subcomité sean todos estudiantes de octavo grado.

13. Calcula la probabilidad de que los 3 miembros del subcomité sean todos de séptimo grado.

© Pearson Education, Inc. All rights reserved.

106 Lección 12-7 Práctica *Curso 2* Capítulo 12